KB028195

말을 못하면 들으면 된다

말을
못하면

나카무라 아츠히코 지음
양필성 옮김

들으면
된다

마음이 열릴 때까지 죽도록 듣는 악마의 경청

머리말

이 책은 '상대방의 속마음을 계속해서 *끄*집어내는 방법'에 대한 내용을 담고 있습니다. 저는 그 방법을 '악마의 경청'이라고 부르고 있습니다. 악마라는 표현이 좀 과할 수도 있지만, 예전에 연예기획사 관계자가 제게 "악마 같은 놈!"이라며 화를 냈던 기억이 떠올라 이번 기회에 좀 빌려 쓰기로 했습니다.

연예인을 사람이 아닌 상품으로 취급하는 그 사람에겐 악마의 경청을 구사하여 그들의 속마음을 듣는 제가 악마 같았을 겁니다.

사람은 누구나 자신의 속마음을 감추려고 합니다. 겉치레든 배려든 상대의 마음을 상하지 않도록 하는 것이 상식이기 때문에, 속마음을 끄집어내는 악마의 경청은 때로는 부정적인 반응을 불러일으킬 수 있습니다.

여기서 악마의 경청을 정의하겠습니다.

악마의 경청이란, '상대방의 속마음을 모조리 듣는 것', 또는 '속마음을 끄집어내어 상대방의 문제나 의문, 현 상황 대한 해답을 그 사람으로부터 끌어내는 것'입니다.

제1부는 기초편으로 첫 만남에서 상대에게 호감을 사는 '듣는 대화'의 기술을 익히고,

제2부 악마의 경청을 실천하는 방법,

제3부 악마의 경청을 이어가기 위한 마음가짐 배우기,

제4부는 상급편으로, 경청을 통해 이야기를 구축하는 방법까지 설명하도록 하겠습니다.

낯가림이 있거나 말주변이 없어서 다른 사람과의 소통에 어

려움을 겪는 사람은 1부를 통해 간단한 기술을 습득하고 실천하는 것만으로도 인간관계가 놀랍도록 좋아지는 경험을 하게될 것입니다. 그리고 2부, 3부까지 실천하면 다른 사람의 속마음을 들을 수 있을 것입니다.

만약 언제 어디서나 상대방의 속마음을 알아낼 수 있다면 어떨까요? 구체적으로 어떤 일이 일어날지 알아봅시다.

- ☑ 말을 잘하지 못하더라도 상대방과 내용이 알찬 대화를 할 수 있게 된다.
- ☑ 상대방에 대한 이해가 깊어진다.
- ☑ 정보의 인풋이 늘어나 시야가 넓어진다.
- ☑ 상대방에게 호감을 사게 되고 신뢰를 받게 된다.
- ☑ 이성에게 인기가 많아진다.

어떻습니까. 장점이 정말 많지 않나요.

좀 더 깊이 들어가면 비즈니스 경우에는 성공률이 올라가고, 저처럼 글을 쓰는 일을 업으로 삼고 있는 경우에는 좋은 취재를

말을 못하면 들으면 된다

할 수 있게 되어 결과적으로 책 판매율이 높아집니다. 좋아하는 사람이라면 관계가 진척될 것입니다.

악마의 경청은 수입이 많아지고, 인간관계도 넓어지며, 결혼이나 연애에도 긍정적인 효과를 주는 마법 같은 방법입니다. 다른 사람의 이야기를 듣는 것은 말하는 방법이나 전달 방법보다 중요해서, 자신에게 곧바로 이익이 되어 돌아오기 때문입니다. 한마디로 말해, 매우 가치 있는 것입니다.

누구나 쉽게 익힐 수 있는 기술

인물 취재를 하는 작가가 된 지 20년이 넘었습니다. 지금까지 취재한 사람만 3,000명이 넘습니다.

일용직으로 성인비디오 제작 현장에서 일하는 AV 배우들의 삶을 영화로 엮은 《이름 없는 여자들》 시리즈와 2019년 일본 '서점 대상' 논픽션 부분에 노미네이트 된 《도쿄 빈곤 여자》 등의 저서는 100만 부 이상 판매되고 있습니다.

오래전부터 저를 아는 사람들은 다 알고 있는 사실이지만, 저는 극단적으로 낯을 가립니다.

인물 취재를 처음 시작했을 때는 긴장해서 아무 말도 하지 못했고, 상대방에게 실례가 될 것 같아 신경 쓰느라 아무것도 알아내지 못했습니다. 상대방을 어이없게 만들거나 화나게 해서 도중에 취재가 파탄 나는 등, 수많은 실패를 반복했습니다.

그런데도 취재하고 글 쓰는 일을 그만두고 싶지 않았기 때문에 십수 년간 시행착오를 거치면서 집착하다시피 사람들의 말을 경청했습니다.

글을 쓰는 작가에게 처음 만나는 사람을 취재하는 일은 음식점으로 치면 식재료를 구입하는 것과 같습니다. 기사의 근간으로, 취재를 성공시키지 못하면 아무것도 할 수 없습니다.

작가에게는 자격증이나 연수 프로그램과 같은 것이 없기 때문에 실패를 반복하면서 오로지 실전을 통해 '듣는 사람은 최소한의 필요한 말만 한다'라는 악마의 경청을 터득한 것입니다.

여기서 단언하겠습니다.

상대방이 흡족해하는 대화를 하는 일이나, 상대방의 속마음을 끌어내는 일은 의사소통 능력이나 성격의 밝고 어두움과는 전혀 관계가 없습니다.

필요한 것은 간단한 기술과 항상 의식하는 마음가짐입니다.

지금은 자신감이 없더라도 다양한 사람들의 진솔한 이야기를 듣고, 인풋과 성공 경험을 쌓다 보면 자연스럽게 자신감이 생길 것입니다.

악마의 경청은 상대방에 대해 '~을 하지 않는다'라는 기술이 중심입니다.

자신에 관한 얘기를 하지 않는다.

상대방의 이야기를 부정하지 않는다.

의견을 말하지 않는다.

조언하지 않는다.

이처럼 지금까지 당연히 해오던 사고나 행동을 의식적으로 하지 않는 것이 중심 기술이기 때문에 말주변이 없거나 낯가림이 심한 사람이라도 상관없이 누구나 쉽게 익힐 수 있습니다.

수많은 시행착오를 반복해본 사람으로 할 수 있는 말은

'상대방에게 적극적으로 다가가는 능동적 의사소통 능력과 경청 능력은 완전히 별개다.'

'지금 의사소통 능력이 부족한 것이 속마음을 끌어내는 경청에는 긍정적으로 작용한다.'

라는 점입니다.

사람들에게는 '말하고 싶다', '전하고 싶다'라는 욕망이 있습니다. 악마의 경청에서는 사람들의 근원적인 의식을 역으로 활용하여 상대방이 그 욕망을 듣는 이에게 발산하기 쉽도록 환경을 만듭니다.

준비가 완료된 상황에서 상대방의 마음 스위치가 켜지면 정말 다양한 속마음을 들을 수 있습니다.

문제의식이나 장래 희망, 연애 등 긍정적인 이야기뿐만이 아닙니다.

불평이나 험담, 미래에 대한 불안, 가족에 대한 증오와 학대 경험, 정신질환, 빚, 자해, 성적인 것 등 지극히 개인적이면서도 어두운 이야기들도 어렵지 않게 들을 수 있습니다.

또한 현재진행형의 불륜, 자살 욕구 등 정말 지극히 사적인 이야기까지도 아무렇지 않게 털어놓습니다.

   평소 "특별한 사람만 상대한다!"라는 평가를 자주 듣곤 합니다만, 그렇게 말할 수 있는 건 자신의 인간관계 속에서 그러한 진지하고 내밀한 말을 들어본 경험이 없기 때문일 겁니다.

   다시 말하지만, 듣는 사람의 나이나 성별, 의사소통 능력의 유무는 전혀 관계가 없습니다. 성과는 듣는 사람의 의식과 준비 상태에 따라 달라집니다.

   그럼, 상대가 마음의 경계를 풀고 속마음을 이야기하는 악마의 경청을 익히는 것을 목표로 시작해봅시다.

   누구나 할 수 있으니 걱정하지 마십시오.

제 2 부

실천편

악마의 경청을 능숙하게 구사하다

제 3 부

악마가 되기 위한 마음의 조정

욕망 정리와 마음의 센터링

제 4 부

상급편

사람의 속마음을 끝까지 듣기 위한 11가지 테크닉

픽업 질문과
눈사람 기술

1

대화의 3대 악쯔

O

홍대가 싸고
분위기도 좋아요.

X

홍대도 좋지만
청담동이 더 좋아요.

상대방의 속마음을 끌어내는 악마의 경청을 습득하기 위해서 전제되어야 하는 것이 있습니다. 바로 상대방에게 다가가는 '듣는 대화'를 익혀야 한다는 것입니다.

우선 15분 전에 처음 만난 사람과의 대화에서 가장 먼저 할 일은 자신을 듣는 사람으로 설정하고 상대를 주인공으로 만들어야 합니다.

이제 상대방의 관심사를 묻고 맞장구를 치면서 이야기를 이어가기만 하면 됩니다.

상대방을 즐겁게 하기 위해 애써 정보 제공을 하지 않아도 되고 분위기를 띄우기 위해 노력할 필요도 없습니다. 상대의 이야기가 재미있으면 자신의 감각이 시키는 대로 웃으면 됩니다.

그러나, 대화하는 모든 상황에서 절대 해서는 안 되는 것이 있습니다.

✔ 부정한다

✔ 비교한다

✔ 내 이야기를 한다

이 세 가지입니다. 이 책의 가장 중요한 항목이므로 지금 이 세 줄을 몇 번이고 반복해서 읽고 외우시기를 바랍니다.

대화에서 절대로 해서는 안 되는 기초적인 것이므로, 술과 먹는 걸 좋아하는 사람과의 대화 상황을 예시로 들어보겠습니다.

케이스 1 부정하기

여성   "세련되고 분위기 좋은 식당에 가는 걸 좋아하는데, 회사를 마치면 갈만한 곳이 없네요."

질문자   평소에 가는 곳 있어요?

여성   "가끔 퇴근하고 홍대 근처에 있는 가게를 가요. 회사랑도 가깝고……"

질문자   "홍대 쪽은 별로예요. 제대로 된 셰프가 있는 청담동이나 압구정동 쪽으로 가는 게 좋아요."

추천하고 싶은 마음이 있더라도 상대방의 이야기를 부정하는 순간 모든 것은 물거품이 돼버립니다. 어딘가 가고 싶었던 상대방의 텐션이 급격하게 떨어지고, 대화 단절의 초읽기에 들어가게 됩니다.

청담동이나 압구정동 쪽을 추천하고 싶었다면 완전한 실패입니다. 타이밍이 너무 빨랐습니다.

질문을 통해 홍대 가게에 대한 이야기를 듣고, 새로운 가게를 알고 싶다는 마음이 있는지 확인한 다음, 적절한 타이밍을 봐서 청담동이나 압구정동 가게를 추천해야 합니다.

적절한 타이밍을 잡기 힘들다면 추천하는 것을 단념해야 합니다. 부정은 모처럼 흥이 오른 대화를 모두 망치는 파괴적인 행위입니다.

케이스 2 비교하기

여성   "세련되고 분위기 좋은 식당에 가는 걸 좋아하는데, 회사를 마치면 갈만한 곳이 없네요."

질문자 "주로 어디로 다녀요? 체인점?"

여성   "회사 근처 고깃집이 편하고 좋은 것 같아요."

질문자 "고깃집도 괜찮은데 청담동에 있는 와인바가 더 좋아요."

상대의 말을 부정하는 듯 보입니다. 매우 좋지 않은 대답입니다.

'근처', '편하다'라는 이유를 말하고 있는데도 관계없는 청담동 와인바와 비교하고 있습니다. 이 상황에서는 전혀 비교할 필요가 없습니다.

가게를 영화로 바꿔서 생각하면 이해하기 훨씬 쉬워질 겁니다. 예를 들어 〈센과 치이로의 행방불명〉이라는 애니메이션을 함께 재미있게 봐놓고, 상대가 보지 않은 〈하울의 움직이는 성〉과 비교해서 평가하면 즐거웠던 영화 감상이 허사가 되고 맙니다.

상대가 좋아하고 긍정적으로 생각하는 것은 다른 것과 비교해서는 안 됩니다.

케이스 3 **내 이야기를 하기**

여성 "세련되고 분위기 좋은 식당에 가는 걸 좋아하는데, 회사를 마치면 갈만한 곳이 없네요."

질문자 "주로 어디로 다녀요? 체인점?"

여성 "회사 근처 고깃집이 편하고 좋은 것 같아요."

질문자 "저는 무조건 해산물인데. 어릴 적부터 고기보다 해산물을 좋아했어요."

말을 못하면 들으면 된다

대화의 주인공이 상대방에서 나로 바뀌어 말하는 사람과 듣는 사람이 역전되었습니다.

듣는 것을 목표로 한 커뮤니케이션에서 이런 흐름은 있을 수 없습니다.

대화의 주체가 이렇게 역전되면 더 이상 어떻게 할 수가 없습니다. 이야기를 하고 싶었던 상대는 텐션이 떨어지고 바로 침묵 모드로 들어가게 됩니다.

'대화의 3대 악'을 명심하라

자신의 이야기를 절대로 하지 말아야 하는 것은 아닙니다. 상대방이 질문했을 때만큼은 답을 하십시오.

이야기를 길게 하거나 쓸데없는 말을 하지 않도록 주의하고 상대방이 물어본 것에 대해서도 간략하게 대답합니다. 그리고 가능한 한 빨리 이야기 흐름을 바꿔 듣는 입장으로 돌아가도록 하십시오.

부정한다. 비교한다. 내 이야기를 한다. 이것들은 대화와 인간관계 모두 파국으로 이끄는 공포스러운 행위라고 이해하시면 됩니다.

이 행위들은 '대화의 3대 악'입니다. 3대 악에 해당하는 행동은 절대로 하지 않겠다고 마 음먹고, 항상 의식하고 실천하는 것만으로도 대화의 성공률은 비약적으로 높아질 것입니다.

POINT 부정하지 않는다. 비교하지 않는다. 내 이야기를 하지 않는다.

2
기본 기술, 픽업 질문

O

에스파가 SM이었어?
몰랐네!

X

뭘 모르네
SM이면 소녀시대지.

얼마 전, 복지 관련 이벤트에서 40대 남성과 20대 여성의 안타까운 대화를 우연히 듣게 되었습니다. 그때의 상황을 나쁜 예로 소개해볼까 합니다.

여성(20대) "사실은 아이돌을 좋아해요. 특히 에스파를 좋아하는데, SM 소속이에요. 얼마 전에 공연도 보고 왔어요."

남성(40대) "뭘 모르네. SM이면 소녀시대지. 나는 천상지희도 참 좋아했는데."

여성(20대) "천상지희는 이름만 아는데……."

모처럼 20대 여성이 "사실은……"이라며 자기가 좋아하는 것을 말했는데, 40대 남성은 한 방에 이야기를 끝내버렸습니다.

이후 40대 남성은 2000년대에 데뷔한 천상지희 이야기를 했습니다만, 여성은 그저 멍하니 하늘을 쳐다보고 있었습니다. 우연히 가까이서 듣게 되었다가 한숨을 내쉬었습니다.

40대 남성은 무엇을 실수한 걸까요.

40대 남성의 대답은 SM이라는 연결고리가 있긴 하지만, 이야기를 가로막고 자신만 아는 이야기로 전환했습니다. 대화가 이어질 리 없습니다. 20대 여성은 잘 알지 못하는 이야기를 들으며 불편한 시간을 보냈습니다.

이 상황에서 정답은 '픽업 질문'을 하는 것입니다. 픽업 질문은 앞으로도 여러 번 언급할 기술입니다. 듣는 대화의 기본입니다.

픽업 질문이란, 상대방이 말한 단어나 요점을 포착하여 즉각적으로 짧은 질문을 던지는 테크닉입니다. 자신이 듣고 싶고 알고 싶은 질문이 아니라 상대방의 이야기가 계속 이어지도록 돕는 질문입니다.

대화의 윤활유 역할을 하는 것으로, 상대가 말하고 싶은 것에 맞춰 짧은 질문을 던집니다.

상대방은 이 질문을 통해 듣는 사람이 제대로 듣고 있다는 것을 확인하게 되고 이야기를 계속할 수 있는 힘을 얻게 됩니다. 앞의 상황에서 40대 남성이 했어야 하는 옳은 대답은,

"아! 에스파 공연은 어디서 했어?"

"그렇구나, 에스파 중에 누가 제일 좋은데?"

등이 되어야 합니다. 상대가 이미 말한 내용을 연결고리로 하여 짧은 질문을 던지며 상대방의 관심이나 말하고 싶은 것을 끌어내는 것입니다.

상대방의 이야기를 자신의 이야기로 바꿔치기하는 사람

해서는 안 되는 것은, 이 40대 남성처럼 상대방의 이야기를 자신만 아는 소재로 바꿔서 상대방의 이야기를 엎는 것입니다.

이 상황은 상대방이 자신을 드러내면서 시작된 것이기 때문에, 당신의 호불호나 관심은 전혀 필요가 없습니다. 상대방의 이야기가 계속 이어지도록 하기 위해서 어떤 질문을 해야 하는지에 집중해야 합니다.

이 단계에서는 20대 여성이 말 그대로 에스파 이야기를 하고 싶었는지, 여성 아이돌을 좋아하는 자신의 취향을 전하고 싶었는지 알 수 없습니다.

픽업 질문을 통해 말하는 사람의 이야기가 계속 이어지다 보면 어느 순간 상대방이 무엇을 말하고 싶은지 알 수 있게 됩니다.

상대방의 이야기를 엎고 자신의 이야기로 바꿔치기하면 대화가 끊기는 것뿐만 아니라, 자신에 대한 상대방의 평가는 나빠지고 거리는 멀어지게 됩니다.

이 사례를 보면 알 수 있듯 악마의 경청을 사용하기 위해서는 듣는 사람이 '정보 약자라는 자각'과 제3부에서 상세히 설명하게 될 '마음의 조정'이 필요합니다.

40대 남성은 정보 약자라는 자각이 없었습니다.

자신의 나이가 더 많기 때문에 알고 있는 것도 더 많다는 오만함이 마음속에 자리 잡고 있습니다. 그래서 상대가 원하지 않는 정보를 제공한 것입니다. 이와 같은 의사소통을 계속하면 고립이나 고독으로 치닫게 될 수도 있습니다.

이 상황에서 정답은 다음과 같습니다.

여성(20대) "사실은 아이돌을 좋아해요. 특히 에스파를 좋아하는데, SM

소속이에요. 얼마 전에 공연도 보고 왔어요."

남성(40대) "에스파가 SM 소속이었구나? 몰랐네."

여성(20대) "네, 제 최애는 카리나예요."

어떻습니까? 이렇게 간단한 일을 하지 못하는 사람이 의외로 많습니다.

대화의 시작이 잘 풀리면 이야기가 계속 이어질 수 있다

대화의 발전 단계에서는 상대방의 이야기를 따라가는 것이 매우 중요합니다. 상대가 말한 단어를 포착하여 맞장구를 치듯 짧은 질문을 합니다. 익숙해지면 정말 쉬운 일입니다.

이 상황의 경우, 20대 여성은 SM의 에스파 이야기를 하고 싶었던 것이 분명해 보입니다. 상대방이 말하고 있는 것을 질문으로 도와주면서 이야기를 확장하기만 하면 됩니다.

솔직히 상대방이 이렇게 자기 이야기를 하기 시작한 것만으로도 대화의 주도권을 이미 쥐었다고 볼 수 있습니다.

성실하게 '픽업 질문'을 하면 에스파가 시작점이 되어서 그녀가 어떤 성격인지, 현재 어떤 생활을 하고 있는지 개인적인 것까지 이야기를 발전시킬 수 있습니다.

대화의 시작이 잘 풀린다면, 이야기를 가로막거나 자기 이야기를 하는 등의 큰 실수만 하지 않는 한, 이야기는 점점 넓어져서 다양한 정보를 얻을 수 있습니다.

사람들은 누구나 자신이 말하고 싶은 것을 물어봐준 사람, 희망을 이룰 수 있게 해준 사람에게는 호감을 갖게 됩니다.

회사 동료라면 사내에서의 인간관계가 좋아지고, 사적인 관계의 이성이라면 그 상황의 대화를 즐기기만 해도 좋고, SNS ID를 묻거나 다음에 뭔가 함께 하자고 해도 좋을 것입니다. 다양한 가능성이 펼쳐집니다.

다른 사람의 이야기를 들으면 몰랐던 정보를 새롭게 알게 되고 그로 인해 인간관계가 넓어지고 좋아집니다.

저와 나이가 비슷한 40대 남성의 실패 사례를 소재로 하고 있는데, 연공서열이라는 구습에서 벗어나지 못한 세대입니다.

나이 많은 선배들에게 당했던 것처럼 어린 사람에게는 자기도 모르게 권위적인 태도가 되곤 합니다.

그 결과, 시대에 뒤떨어지고 아무도 관심 없는 자기 이야기를 하느라 젊은 사람들의 이야기를 제대로 듣지 못합니다. 수많은 상황에서 모처럼의 대화를 자신의 이야기로 분위기를 망쳐버립니다.

자기 이야기를 하지 않는 것만으로도 대화 분위기가 좋아질 텐데 생각 없이 불필요한 말을 해버립니다. 그것이 얼마나 안타까운 일인지 꼭 알아야 합니다.

POINT 사람은 말하고 싶은 것을 물어봐준 사람에게 호감을 느낀다.

3
상대방의 욕망과
감정을 의식한다

○

✕

아~! 왜 그만두셨어요?   파이팅 하세요!

사람들은 대화할 때, 상대방의 욕망과 감정을 의식하게 됩니다. 상대방의 욕망을 의식하면서 대화를 이어나가는 것은 악마의 경청에서 빼놓을 수 없는 중요한 요소입니다. 아직 초반이어서 누구나 경험했을 것 같은 가벼운 상황을 상정하여 얘기해보겠습니다.

1단계

"회사를 그만두고 다음 달부터 핸드폰 가게에서 일하기로 했어요."

약간 취한 20대 초반의 프리터족 여성과 술집에서 우연히 대화를 하게 되었다는 설정입니다.

이런 경우 일반적으로는 "파이팅 하세요!"라고 응원하고 끝냅니다. 그러나 '사람의 행동에는 반드시 이유가 있다'라는 전제하에 대화를 진행해 보겠습니다.

이런 사소한 상황이라도 신경 쓰이는 상대라면 그 이유를 물어보도록 합시다. 사람의 행동에는 이유가 있고, 이유에는 반드시 어떤 욕망이나 감정이 존재합니다.

"아~! 왜 그만두셨어요?"

우선은 픽업 질문을 사용한 대답만으로 충분합니다.
'그 사람에게는 어떤 욕망과 감정이 있을까?'라는 호기심을
가지고 상대방의 입장에서 대화를 전개합니다. 자신을 드러냈
을 때 상대방이 반응해주면 좋아하게 되어 있습니다. 반드시 무
언가 대답이 있을 것입니다.

2단계

"월급은 적은데 상사의 갑질까지, 질렸어요. 핸드폰 가게가
시급을 500원이나 더 줘서 일하기로 했어요. 마음에 드는 직원
도 있고……. 기대가 돼요."

상상한 대로 바로 답이 돌아왔습니다. 여성이 처음으로 한 말
에 이 대답을 (   )에 넣어 말해보면 다음과 같이 됩니다.

"(급여는 적은데 상사의 갑질에 질려서) 회사를 그만두고 다음 달부터 (시급이 500원이나 많은) 핸드폰 가게에서 일하기로 했어요. (마음에 드는 직원도 있고, 기대가 돼요.)"

필요한 시간은 겨우 1분입니다. 대부분 처음 한 말을 통해 이유를 알기엔 어렵습니다. 상대방의 말에 관심을 가지고 질문하고 대화를 하다 보면 왜 그런 행동을 했는지 이유를 알 수 있습니다.

이 2단계의 대답에서는 "마음에 드는 직원도 있고"라는 말이 욕망에 해당합니다. 그녀는 직장에서 남성과의 만남을 원하고 있을 것 같습니다.

"새로운 직장에 마음에 드는 사람이 있군요?"

이제 '마음에 드는 사람'이 구체적으로 어떤 타입인지 알고 싶습니다.

조각 미남인지, 약간 다른 취향으로 아저씨 같은 타입을 좋아하는지 아직은 모릅니다. 물어봐야 알 수 있습니다. 또, 남자친구를 만나고 싶은 건지 등을 들을 수 있습니다.

사람의 행동에는 반드시 이유가 있다
3단계

"그 재수 없는 상사는 정말 못생긴 데다, 윗사람에게는 굽신 거리면서 부하 직원들에게는 잘난 척하는 늙은 아재예요. 아이 돌 오타쿠에, 미혼에, 여자들한테 인기 없는 아재. 핸드폰 가게 의 직원은 배우 같더라고요. 직장에서 남자친구를 사귈 수 있으 면 좋을 것 같아요."

좋아하는 타입이나 연인 유무와 같은 개인적인 사정은 상대 를 알기 위해 필요한 기초지식과 같은 것입니다. 술집 특유의 분위기가 작용했는지 대화는 자연스럽게 이어집니다. 이번 대 답 역시 ( )에 추가합니다.

"월급은 적은데 상사의 갑질까지, 질렸어요. 회사를 그만두고 (그 재수 없는 상사는 정말 못생겼고 윗사람에게는 굽신거리면서 부하 직원들에게는 잘난 척하는 늙은 아재예요. 아이돌 오타쿠에, 미혼에, 여자들한테 인기 없는 아재. 그래서,) 다음 달부터 시급을 500원이나 더 주는 핸드폰 가게에서 일하기로 했어요. 마음에 드는 직원도 있고. (핸드폰 가게의 직원은 배우 같더라고요. 직장에서 남자친구를 사귈 수 있으면 좋을 것 같아요.) 기대가 돼요."

욕망과 감정을 의식하며 대화를 이어가다 보면 조금씩 속마음을 알게 됩니다.

흔하지 않은 상황이긴 하지만, 20대 초반의 프리터족 여성이 술집에서 말을 걸어온다면 이런 느낌의 대화일 것입니다.

POINT 욕망과 감정을 의식하면 대화의 범위가 점점 더 넓어진다.

4
이야기를 굴리는
눈사람 기술

○
대화의 주도권은 항상
듣는 사람에게 있다.

✕
대화의 주도권은 말하는
사람이 가지고 있다.

앞의 프리터족 여성과 술집에서의 대화를 계속 이어가 보도록 하겠습니다.

1단계 근황에 관한 정보에 욕망과 감정이 더해지는 순간 이야기가 살아 숨 쉰다는 생각이 들지 않으십니까. 여기까지 소요 시간은 5분 정도입니다.

욕망과 감정에 이어서 이야기에 필요한 요소는 '생활'입니다.

그 사람의 수입이 어느 정도고, 누구랑 살며, 어떤 생활을 하고 있는가.

그러니 다음으로는, 2단계에서 말한 '500원이나'의 '이나'에 주목합니다. '500원이나'라는 말에서 현재 수입이 부족하다는 것을 예측할 수 있습니다.

"시급이 500원 오르면 한 달에 얼마나 더 많이 받아요?"

현재보다 어느 정도 월급이 오르는지에 관한 질문입니다.

급여 상승은 좋은 일로, 상대는 이에 대해 적극적으로 이야기합니다. 가난한 현실은 타인에게 말하기도 힘들고 묻기도 힘듭니다. 상대가 "500원이나"라고 말한 것을 기회로 보고 그 말을 주목해야 합니다.

스스로 말한 것이기 때문에 돈에 관한 이야기를 해도 거부하지 않을 것입니다.

상대방의 말을 주의 깊게 듣고 알고 싶은 정보와 관련된 질문을 던져 상대방이 더 많은 걸 말하도록 합니다. 그러면 4단계의 정보를 얻을 수 있습니다.

4단계

"시급으로 치면 500원 정도 차이지만, 한 달로 환산하면 10만 원정도 차이가 나니까요. 원룸 월세가 60만 원이나 해서 부담스럽다 보니 10만 원이 꽤 크게 느껴져요. 가난한 생활에서 벗어나고 싶은데 고등학교까지만 다녀서 할만한 게 별로 없어요. 시골집으로 돌아가기는 절대 싫고 어떻게든 열심히 노력해봐야죠."

그는 지방 출신의 가난한 여성으로, 상경하여 최저임금에 가까운 시급으로 일해왔습니다. 고등학교 졸업이라는 조건으로 좋은 일자리를 얻기가 쉽지 않았습니다. 남자친구도 없었습니다. 월세 60만 원짜리 방에서 시급 노동에 쫓기는 힘든 생활이 눈에 보이는 듯합니다.

다음 직장인 핸드폰 가게에서 새로운 만남이 이루어지길 기대해봅니다.

4단계까지 걸리는 시간은 8분 정도. 그에 대해 점점 더 많이 알아가게 됩니다. 사소한 포인트를 포착하고, 듣는 사람으로서 호기심을 가지고 대화를 이어가는 것만으로도 이야기는 풍성해집니다.

사람의 이야기는 욕망과 감정을 의식하며 들을수록 생생한 이야기가 됩니다.

정상에서 눈사람을 굴리는 느낌으로

악마의 경청에서는 항상 듣는 사람이 주도권을 쥐고 있습니다. 상대의 말을 주의 깊게 들으면서 욕망과 감정을 끌어내는 데 주력해야 합니다.

그러면, 상대방의 인물상이나 생활이 점점 모습을 드러냅니다.

'질문→답변→질문→답변'을 통해 상대방의 이야기를 확장해 가는 것은 창조적인 작업입니다. 이처럼 이야기를 굴려가는 기술을 '(욕망과 감정의) 눈사람 기술'이라고 부르고 있습니다.

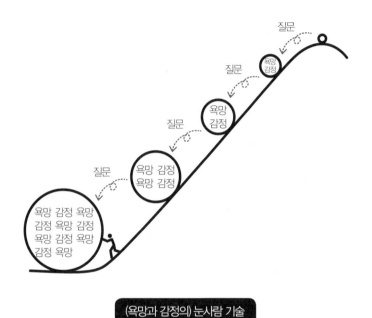

(욕망과 감정의) 눈사람 기술

스키장의 슬로프를 상상해보십시오. 정상에서 작은 눈덩이를 굴리면 굴릴수록 눈덩이는 점점 더 커집니다. 아래에 도착할 때쯤에는 커다란 눈덩이가 되어 있을 것입니다.

정상에서 작은 눈덩이를 만들고 그것을 굴리는 주체는 듣는 사람입니다. 어떻게 굴러갈 것인가를 결정하는 것도, 잘 굴러가도록 도와주는 것도, 착지점을 어디로 할 것인가도, 모두 듣는 사람의 재량에 달려 있습니다.

[1단계] ~ [4단계]까지 8분 동안, 듣는 사람의 '자기 이야기'가 끼어들 여지는 없습니다. 자기 이야기를 하는 순간 대화는 끊기고 맙니다.

그런 실수를 범하지 않고 상대방의 욕망과 감정을 잘 건드려주면서 이야기를 경청하면 더 많은 이야기를 들을 수 있을 것입니다.

일상의 사소한 포인트를 포착하여 (욕망과 감정의) 눈사람 기술을 쓰면 놀라울 정도로 커진 이야기보따리가 눈앞에 나타날 것입니다.

POINT '질문→답변→질문→답변'을 통해 이야기를 확장해간다.

말을 못하면 들으면 된다

5

처음 만난 이성에 대한 첫마디

O

×

아까부터 말 걸고
싶었어요.
맥주 좋아하세요?

영화 좋아하세요?

기초편의 마무리로써 처음 만나는 이성을 상대로 나누는 대화에 대해 말해보겠습니다. 맞선, 소개팅, 회식 등이 있을 것입니다.

대화는 상대방과 정보 교환, 정보 공유를 하는 것입니다. 우선 대화를 나눌 이성을 찾아야 합니다. 상대가 없으면 이야기 자체를 할 수 없으니까요. 상대를 정하고, 인사하고, 접촉하여 대화를 시작해야 합니다.

만약 당신이 낯가림 심하고 대화에 능숙하지 못한 사람이라면, 상대 이성은 당신과는 이야기하고 싶지 않을 것이고, 분명 관심도 없을 것입니다.

입을 다물고 가만히 있는데 상대가 말을 걸어올 리 없습니다. 인간관계에서 기적은 일어나지 않을 테니 당신이 먼저 말을 걸어 대화를 시작해야만 합니다.

낯을 가린다면 누군가에게 말을 걸어야 하는 일이 큰 부담이자 고통이라는 건 알고 있습니다. 다만, 상대를 찾아서 대화를 발전시키려면 소극적인 태도를 버리고 용기를 내서 도전하는 수밖에 없습니다.

먼저 말을 건다는 것은 '상대를 선택할 수 있다'는 장점이 있습니다.

좋아하는 타입의 이성이든, 호감이 있는 상사나 동료든, 관심이 있는 사람을 선택해보십시오.

처음 만나는 이성과 대화를 나눌 때 긴장할 필요 없습니다. 어깨에 힘을 빼세요. 오로지 상대방에게 집중하십시오. 집중하기 위해서는 동기부여가 필요하니, 당신이 말하고 싶은 상대를 선택해야 합니다.

물론 무시당하거나 대화가 잘 통하지 않을까 두려울 수 있습니다. 하지만 안심해도 괜찮습니다. 지금부터 말을 걸 상대방은 당신이 '선택'한 사람입니다.

적어도 당신은 상대방에게 호감을 가지고 있고, 그 마음은 말을 건네는 행위만으로도 상대방에게 전달됩니다. 상대방의 반응은 수동적이었던 지금까지의 어색한 대화와는 처음부터 다를 가능성이 매우 높습니다.

누구나 마음 한구석에 '내 이야기를 하고 싶다'라는 욕망이 있습니다. '내가 상대방의 욕망을 이루어주자'라는 위에서 아래를 살피는 마음이 있어도 좋을 것입니다.

상대방을 관찰하여 질문으로 연결한다

그럼 소극적인 태도를 버리고 당신이 선택한 사람에게 말을 걸어봅시다. 대화를 시작하는 첫마디는 상식적인 범위라면 어떤 내용이든 괜찮습니다.

상대방의 상황을 생각하여 두 가지 예를 들어보겠습니다.

여기서 상대방은 나와 대화를 한 번도 해본 적이 없는 사람으로 상정하겠습니다. 처음 만나는 또는 처음 대화하는 사람이므로 높임말을 사용합니다.

같은 회사(출판사), 다른 편집부의 이성

"사실 '월간 ○○'을 매번 읽고 있는데 저번 호 기획이 재미있더라고요."

이 정도면 충분합니다.

같은 회사 사람이어서 누군지 알고 있기 때문에 상대방의 업무 내용은 알고 있습니다. 공통의 정보를 사용하여 자신이 느낀 긍정적인 감상을 있는 그대로 말합니다.

상대방으로부터 "그 기획은 꽤 인기가 있었습니다", "읽으셨군요, 고맙습니다"와 같은 답변을 예상할 수 있습니다. 그다음, 담당한 페이지는 어디였는지, 어떤 기획을 하고 싶은지, 독자의 반응은 어떤지 등의 이야기로 전개할 수 있을 것입니다.

상대방 2 사적인 송년회, 옆에 앉은 이성

"멋지셔서 아까부터 말 걸고 싶었어요. 맥주 좋아하세요?"

우연히 옆자리 이성이 맥주를 맛있게 마시는 걸 보고 나서 "맥주 좋아하세요?"라는 질문을 던졌습니다.

여기서는 상대방의 움직임, 행동, 가지고 있는 물건 등을 확인하고 그와 관련한 질문을 합니다.

이 상황에서 해서는 안 되는 것은 YES·NO만으로 대답할 수 있는 '닫힌 질문'입니다.

이 상황에서는 NO라는 답변을 들을 수 있는 질문을 피하기 위해 맥주를 맛있게 먹는 모습을 확인한 후 질문을 했습니다.

예를 들어, 아무런 맥락 없이 "영화를 좋아하세요?"와 같은 질문은 닫힌 질문입니다. "별로 좋아하지 않아요"라는 답변을 들으면 거기서 대화가 끊겨버리고 회복이 어려워집니다.

POINT 첫 질문은 인간관계의 시작이다.

6

처음 만난
사람과의 첫 대화

O

칭찬의 말로 시작한다.

X

무난하게 날씨
이야기부터 시작한다.

대화의 시작은 매우 중요한 상황이므로 의미 없는 이야기는 피해야 합니다. 내용이 없는 이야기에서 내용이 있는 대화로 전개해가는 상당한 노력이 필요합니다.

낯을 가리는 여러분이 재미있는 이야기를 하기 힘들다는 것은 알고 있습니다.

그렇다면 의식을 역전시킵니다. '상대방에게서 어떤 이야기를 들으면 내가 재미있을까?'를 생각합니다. 재미있는 이야기를 듣고 싶다는 마음으로 상대방에게 말을 걸어봅시다.

재미있는 이야기를 듣고 싶다는 생각은 항상 가지고 있어야 합니다.

참고로 저는 누가 되었든, 어떤 상황이든 "오늘은 날씨가 좋네요"와 같은 날씨 이야기는 절대로 먼저 하지 않습니다.

날씨 이야기는 상대방의 기억에 남지 않을 뿐만 아니라, 나쁜 인상을 심어줄 가능성이 있습니다. 나쁜 인상을 주는 이유는 단순히 정보를 교환하는 건 의미가 없기 때문입니다.

상대방을 관찰하면서 자신이 재미있다고 생각하고, 최대한 상대방이 답변하기 쉬운 질문을 하도록 해야 합니다.

앞에서 언급한 예시에서 '사적인 송년회에서 옆자리에 앉은 이성'을 가정한 ②가 다소 어려울 수 있습니다. 처음 보는 이성이 상대이고, 내가 선택하여 말을 거는 것이기 때문입니다.

나의 '호의'는 말을 걸었다는 사실만으로 전달됩니다만, 그것만으로는 부족합니다.

다시 한번 ②에서 어떻게 말을 걸었는지 살펴봅시다.

"멋지셔서 아까부터 말 걸고 싶었어요. 맥주 좋아하세요?"

이렇게 말을 걸었습니다. 이 한마디에는 대화가 이어질 수 있는 요소가 몇 가지나 있습니다. 무엇일까요?

우선 "멋지다"라는 칭찬의 말로 시작해서 맥주를 맛있게 마시는 모습을 확인한 후에 "좋아하세요?"라고 질문하고 있습니다.

단지 한 문장의 말일 뿐인데 '호의', '칭찬', '행동 확인' 이렇게 세 가지의 좋은 요소가 포함되어 있습니다.

상대방에 맞춘 칭찬의 말을 고른다

나의 질문에 대해 상대방이 "별로 좋아하지 않아요"라고 대답하고 침묵이 흐른다면 분명 무언가 부정적인 이유가 있을 것입니다.

타이밍이 안 좋았거나 혐오감을 느끼는 등은 드문 경우이고 핵심이 없어서일 경우가 대부분이기 때문에 즉시 그만두도록 합시다. 깔끔한 옷차림으로 평범하게 물으면 기본적으로 이런 일은 일어나지 않습니다.

만일 한마디로 끝났더라도 기죽을 필요 없습니다. 어차피 모르는 사람입니다. 바로 물러서서 마음을 가다듬고 다른 사람을 선택하여 재도전하면 됩니다.

이성에 대해 '멋지다'라고 말했습니다. 그런데 만약 상대방이 멋있지 않으면 어떻게 해야 할까요.

낯을 가리는 사람이 상대방에게 마음에도 없는 말까지 하는 것은 어려운 일입니다. 자신이 정말 그렇게 생각하는 상대방의 좋은 부분을 찾아야 합니다.

좋은 기회이니 이성에 대해 칭찬을 해봅시다. 진심으로 그렇게 생각하고 있다면, 어떤 말을 선택하더라도 결과는 나쁘지 않을 것입니다.

'귀여운 사람'

'착해 보이는 사람'

'일을 잘할 것 같은 사람'

'지적인 사람'

'재미있을 것 같은 사람'

그 이성에 해당하는 말을 선택합시다. 예를 들어, "즐거워 보이시네요. 맥주 좋아하세요?"라고 질문하면 무언가 답변이 있을 것입니다.

행동 확인 부분도 무엇이든 괜찮습니다.

손목시계를 확인 후에 "애플 워치를 좋아하세요?"라거나, 정장을 입은 모습을 봤다면 "어떤 일을 하시나요?" 등 일단 상대방의 모습을 관찰하여 대화를 이어갈 수 있는 소재를 찾아 질문합니다.

위의 상황에서 "술 좋아해요"라는 답변이 돌아온다면, 평상시 어떤 술집을 가는지와 같은 내용으로 대화를 넓혀갈 수 있을 겁니다.

그렇게 듣는 사람으로서 대화를 시작해 상대방이 무엇을 말하고 싶은지 알아냅니다.

POINT 첫 번째 대화에 세 가지 긍정 요소를 집어넣는다.

악마의 경청을
능숙하게 구사하다

7
악마의 경청에 적합한 장소는 어디인가

말하는 사람의 집
또는 근처

자신의 단골 가게

악마의 경청을 시작하기 위해서 필요한 기초 기술인 '픽업 질문', 그리고 '(욕망과 감정의) 눈사람 기술'을 습득했다면 이제는 실전으로 넘어가도록 하겠습니다.

인간은 누구나 비즈니스 상황에서 보여주는 얼굴(ON)과 집이나 사적인 상황에서 보여주는 얼굴(OFF)이 다릅니다. 엄격한 규율이 필요한 일일수록 그런 경향이 강합니다.

상대방이 학생이나 어린아이여도 마찬가지입니다. 부모나 교사가 있는 상황에서는 말할 수 있는 범위는 제한적입니다. ON은 마음에 제한이 걸려 있는 이성적인 상태로, 말할 수 있는 것에 제한이 걸립니다.

집이나 근처 단골 가게, 익숙한 번화가는 그 사람의 OFF 장소입니다.

이처럼 상대방이 편안해지는 일상의 장소로 들어가면 회의실과는 다른 모습을 볼 수 있고, 다른 이야기를 들을 가능성이 높습니다. 말하는 내용은 환경에 따라 달라지기 때문입니다.

이렇듯 장소에 따라서 변하는 상대의 ON·OFF의 차이를 '양면성 수치'라고 부르기로 하겠습니다.

반대로 자신의 영역에 상대방을 초대하는 것은 바람직하지 않습니다.

예를 들어, 부하 직원에 대해 알고 싶은 상사가 회사 회의실이나 자신이 자주 가는 가게로 그 직원을 부른다고 합시다. 아마도 직원의 태도나 반응은 평소와 다르지 않을 것입니다.

낯선 장소에서 상사에 대한 신뢰가 깊어지고, 그로 인해 마음을 열고 속내를 이야기하는 일은 기본적으로 일어나지 않습니다.

또 한 가지, 환경을 만들어가는 과정에서 상대방의 일상, 비일상이라는 관점을 추가해보겠습니다. 이 일상과 비일상의 차이를 '휴먼 갭Human Gap 수치'라고 부르기로 하겠습니다.

휴먼 갭 수치가 작을수록 말하기 좋은 환경이고 클수록 좋지 않은 환경입니다.

예를 들어, 사회복지사나 심리상담사와의 상담은 기본적으로 공공기관에서 이루어집니다. 그러나 대부분의 사람에게 공공기관(그 외 은행이나 병원, 요양 시설 등)은 비일상적인 장소여서 편안함을 느끼기에는 힘든 장소입니다.

　불편한 환경에서 휴식을 취하는 사람은 없습니다. 공공기관은 전용 상담실 등을 포함해 악마의 경청에는 적합하지 않은 곳입니다.

　그 밖에도 좋지 않은 것은 정치인이나 언론이 가난한 사람을 자신들에게 익숙한 고급 호텔 등으로 불러 행사를 하는 것입니다. 가난한 사람에게 상류층의 상징과 같은 고급 호텔은 다른 세계입니다. 그들에게는 불편하고 심적으로 안정되지 않는 장소일 것입니다.

　그런 장소가 일상인 상류층에게 자신들의 어려운 상황을 이야기해도 분명 제대로 전달되지 않을 거라고 생각할 것입니다. 그러니 당연하게도 대화도 힘이 없고 예리하지 못합니다.

상대방이 말하기 쉬운 장소를 사분면으로 생각한다

　상대방이 말하기 좋은 장소를 꼽는다면 어디가 적합할까요?

양면성 수치(ON, OFF)를 가로축, 휴먼 갭 수치(일상, 비일상)를 세로축으로 하여 사분면을 만들어 분석해봅시다.

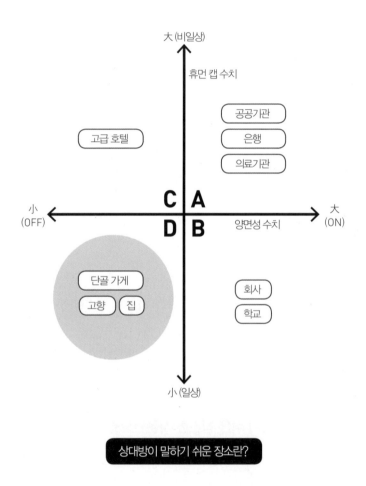

상대방이 말하기 쉬운 장소란?

속마음이나 진심은 익숙하고 편안한 환경에서 말하기 쉽기 때문에 상대방이 OFF 상태가 될 수 있는 곳이 좋습니다.

따라서 '상대방이 말하기 쉬운 장소가 어디냐?'라고 묻는다면 양면성 수치도, 휴먼 갭 수치도 낮은 상태의 D 영역이 될 것입니다.

D 영역에 우선순위를 매겨본다면, ①집 → ②집 근처 단골 가게 → ③집에서 가까운 역세권 가게 → ④상대방에게 익숙한 번화가의 가게 → ⑤고향 이 순서일 것입니다.

저 역시 취재할 때면 약속 장소로 상대방 집부터 공략하고, 정해놓은 우선순위에서 한 단계씩 내려가며 정합니다. 집은 곤란하지만 집 근처 가게라면 괜찮다는 반응이 대부분입니다. 장소는 커피숍이든 술집이든 어디든 상관없습니다.

POINT 상대방이 OFF가 되는 장소로 찾아간다.

8

점심시간에 붐비는 식당에서의 경청

○

장소를 바꿨을 때의
장점과 단점을
저울에 올려 판단한다.

✕

상대가 말하기 힘들 것
같으면 장소를 바꾼다.

여기서는 제가 실제로 했던 취재를 예로 들어 악마의 경청에 대해 설명하겠습니다. 범용성이 있는 예이므로 여러분도 자신의 상황과 비교해보시길 바랍니다.

어느 40대 가난한 싱글맘을 취재했을 때의 일입니다.

그는 약속 장소로 자신의 집 근처 패밀리 레스토랑을 지정했습니다. 사전에 저에게 '경제적, 정신적으로 살기가 너무 힘들다'라는 메시지를 보낸 적이 있었습니다만, 자세한 사정은 얼굴을 보고 물어볼 생각이었습니다.

먼저 현재 상황을 파악합니다. 약속은 점심시간으로 붐볐습니다. 여성은 먼저 도착해 있었습니다. 옷차림이 간단했고 외모는 수수했으며 제 나이대로 보이는 여성이었습니다. 옆 테이블에는 회사원처럼 보이는 남자가 혼자서 식사를 하고 있었습니다.

여기서 대화를 하면 내용이 옆 좌석에 모두 들릴 것 같았습니다.

점심시간의 패밀리 레스토랑의 풍경이 어떤지는 충분히 상상할 수 있을 겁니다. 제안에 별생각 없이 응해버린 제 실수였습니다.

가게를 바꿔야 할지 상대방의 태도를 살핀다

게다가 여성은 목소리가 큰 편이었습니다. 여성의 성격이나 의욕 정도를 파악하기 위해서 자리에 앉기 전에 인사하며 말을 걸어 두 마디 정도 잡담을 나눴습니다.

점심 메뉴(5,000원)가 저렴한 걸 보고 일부러 놀라며, "가격이 너무 싸네요"라고 동의를 구했습니다. "제가 돈이 없어서 자주 이용해요. 정말 싸죠?" 답변이 돌아왔습니다.

그때의 표정이나 목소리, 반응 정도에서 여성이 긍정적인 생각을 가지고 있다는 것을 알 수 있었습니다. 장소를 옮기지 않고 이대로 취재를 진행해도 될 것 같다고 판단했습니다.

옆 사람에게 이야기가 들리는 게 신경 쓰이거나, 초면인 저에 대한 부정적인 감정과 같은 마이너스 요소가 있다면 답변으로 알 수 있습니다.

만약 여기서 부정적인 반응이 보이면, 가게를 옮겨서 분위기나 상황을 바꾸는 게 좋은지 직접 본인에게 묻고 개선합니다.

그 여성이 테이블 간격이 가까운 걸 신경 쓰지 않고 점심시간의 패밀리 레스토랑을 약속 장소로 지정했으므로, 전혀 모르는 지역에서 새로운 장소를 찾는 리스크를 떠안을 필요가 없었습니다. 그대로 이야기를 듣기로 했습니다.

장소를 옮기는 것과 그대로 있었을 때 모두 리스크가 있습니다. 새로운 가게를 찾아서 옮겼을 경우 지금까지의 긍정적인 의욕이 없어질 가능성이 있고, 옮기지 않는 경우는 옆자리 사람에게 대화 내용이 들릴 수 있어서 이야기에 제한이 걸릴 가능성이 있다는 것입니다.

여성의 반응을 살피면서 순간적으로 장점과 단점을 저울에 올려, 전자의 리스크를 피하기로 결정했습니다.

 장소보다도 상대방의 의욕이 우선이다.

9

4인용 테이블에서
어디에 앉아야 할까

D (대각선에 앉는다)

C (정면에 앉는다)

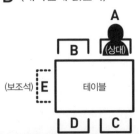

앞서 예를 든 40대 싱글맘은 4인석 테이블의 A 위치에 앉았습니다.

한두 마디 잡담을 통해 여성의 의욕을 확인하고 장소를 바꾸지 않고 그대로 취재를 진행하기로 했습니다. 저는 여성의 대각선인 D 위치에 앉았습니다.

경청할 때 위치는 매우 중요하다

인터뷰, 의료복지 평가, 소개팅 등의 상황에서는 장소나 앉는 위치를 듣는 사람이 결정할 수 있습니다.

악마의 경청을 사용할 경우, 일반적인 4인 테이블이면 상대방의 대각선 자리인 D 위치, 테이블이 작을 때는 보조석인 E 위치에 앉습니다.

정면 C 위치나 옆자리 B 위치와 비교하면 상대방으로부터 가장 거리가 먼 좌석입니다.

D 위치가 베스트인 이유는 상대방과 거리가 약간 떨어져 있는 것이 압박감이 없고 서로의 마음에 여유가 생겨서 소모가 적

기 때문입니다.

이야기는 자신이 생각한 대로 막힘없이 흘러가지 않습니다. 어딘가에서 반드시 침묵과 공백이 생기게 마련입니다.

D 위치는 시선이 정면을 자연스럽게 비껴갈 수 있습니다. 잠깐씩 정신적 휴식을 취할 수 있고, 시선을 떼고 틈을 두어서 다음 이야기를 위한 질문을 생각할 여유가 생깁니다.

정면에서는 시선을 피할 곳이 없다

아마도 여러분은 상대방이 A 위치에 있을 때, 정면인 C 위치에 앉을 것입니다. C는 상대방에 대한 적극적 의욕을 전달할 수 있는 위치이지만, 또한 적대적 위치이기도 합니다.

정면에 앉아서 느끼는 긴장감과 압박감으로 인해 서로의 정신적 피로가 빨리 쌓입니다.

특히 듣는 사람이 피곤해서 도중에 집중력을 잃을 수도 있습니다. 악마의 경청뿐만 아니라, 일반적인 대화에서도 조금 느슨하게 거리를 두는 것이 딱 좋습니다.

그리고 정면의 C 위치는 침묵할 때 시선을 피할 곳이 없으므로, 상대방과의 거리가 가까운 것이 장점보다 단점이 됩니다.

지금 제 손에는 줄자가 있습니다. 대화할 때 상대방과의 적당한 거리를 실제로 재보도록 하겠습니다.

패밀리 레스토랑의 테이블에서 정면이면 상대방과의 거리는 85센티미터, 대각선이면 110센티미터였습니다.

악마의 경청을 실천하는 상황에서 상대방과의 거리는 90센티미터 이상이 좋습니다.

앉는 위치는 매우 중요하기 때문에 4인용 테이블에 앉는다고 가정하여 듣는 사람의 위치에 대해 좀 더 자세히 알아보도록 하겠습니다.

앉는 자리는 목적에 따라 적절한 위치가 각기 다릅니다.

설명한 대로 상대방이 A 위치에 앉았을 경우, 악마의 경청을 실행하는 데 가장 좋은 곳은 D 위치입니다.

테이블이 작아서 대각선 자리여도 90센티미터 이상의 거리가 확보되지 않거나, 좀 더 거리를 두고 싶을 때는 의자가 없어도 E 위치로 이동을 합니다.

일반적인 패밀리 레스토랑이나 음식점의 4인 테이블에서 E 위치는 부자연스러운 위치입니다만, 집이나 소파가 있는 회의실이면 의자가 없어도 E 위치에 앉는 것도 좋습니다.

의자가 없는 상황에서 바닥에 앉는 선택은 상대방이 위화감을 느낄 수도 있습니다. 그러나 상대적으로 상대방과 거리를 확보하기가 쉽고, 시선이 낮아지기 때문에 사람에 따라서는 긴장감이나 위압감을 덜 느끼는 효과가 있습니다.

듣는 사람의 위치에 따라서 말하는 내용이 달라진다

일상 생활에서는 듣는 사람의 위치를 선택할 수 있는 상황이 아닙니다. 그런 경우에는 '90센티미터 정도 떨어진다', '정면에 마주 앉거나 서지 않는다'를 의식하도록 합시다.

말을 못하면 들으면 된다

소개팅 또는 첫 번째 데이트에서 픽업 질문이나 눈사람 기술을 활용할 때, 정면에 앉지 말고 대각선에 앉는 것이 좋습니다.

정면에서 마주 보지 않는 것과 적당한 거리가 플러스로 작용합니다.

상대방의 옆자리, B 위치는 어떨까요. 거리가 가장 가까운 옆자리는 애정의 표시라고 하며, 호감이 있는 이성이라면 매우 효과적인 자리입니다.

여러분도 자동차 조수석이나 카운터 바 등에서 상대방이 불쑥 마음을 열고 자신의 얘기를 하는 경험을 한 적이 있을 것입니다. 상대방이 말하는 내용과 앉는 위치와는 상관관계가 있습니다.

목적에 따라 최적의 위치에서 경청에 도전하십시오.

POINT 반드시 대각선에 앉는다.

10

경청에 임하는 마음가짐

O

질문은 준비하지 않는다.
메모도 하지 않는다.

X

미리 질문을 준비한다.
경청 중에는 메모를 한다.

상대방에게 효과적으로 맞추기 위해서는 항상 '미러링'을 의식하는 것이 필수입니다.

앞의 상황에서 여성(40대 싱글맘)에게 메뉴판을 건네고 먼저 주문을 하도록 했습니다. 그는 5,000원짜리 런치 메뉴를 골랐고, 저도 같은 메뉴로 주문했습니다.

일반적으로 인터뷰어는 질문을 미리 준비하고 상대의 이야기를 듣는 형식을 취합니다. 그런 사람이 대부분입니다.

그러나 악마의 경청에서는 미리 준비한 질문지는 문제를 일으킬 가능성이 있다고 판단합니다. 준비된 질문이 이야기의 방향성이나 상한선을 결정해버려 상대에게 일상적이지 않은 분위기를 느끼게 하기 때문입니다.

같은 이유로 악마의 경청 중에 메모도 하지 않습니다.

작가 중에서는 메모를 하거나 노트북으로 받아적으며 인터뷰를 하는 사람을 흔히 볼 수 있습니다.

정해진 정보를 듣고 확인하기 위해서라면 문제가 없지만, 상대방의 속마음을 끄집어내는 것을 목표로 한다면 메모는 하지 않는 것이 좋습니다.

듣는 사람이 미러링을 통해 상대방의 상황에 가까워지고, 취재하는 모습을 지울수록 상대방은 말하기 쉬워지기 때문입니다.

의식적으로 모든 것을 상대에게 맞추도록 해야 합니다. 저 같은 경우에는 메모를 하지 않는 대신 최소한의 장비로 항상 IC 레코더를 손에 쥐고 있습니다.

상대방의 리듬을 무너뜨리면 안 된다

미러링의 가장 큰 목적은 상대방의 이야기에 리듬을 맞추는 것입니다.

사람의 이야기에는 고유의 리듬이 있습니다. 듣는 사람은 상대방의 리듬에 맞춰 적당한 간격으로 맞장구를 치며 말하기 쉬운 리듬을 만들어갑니다.

메모를 하면서 이야기를 들으면 상대방이 듣는 사람의 리듬에 맞추게 됩니다.

무엇이든 리듬이 맞지 않으면 기분이 좋지 않습니다.

대화할 때 듣는 사람이 어떤 물건을 가지고 있으면 반드시 리듬이 어긋납니다. 그러면 상대방은 기분이 나빠지고, 그 불협화음을 없애기 위해 듣는 사람의 리듬에 맞추게 됩니다. 본말이 전도된 것입니다. 당연히 이야기는 좋은 결과로 이어지지 못합니다.

말하기에 제한이 걸리고 리듬이 깨지면 경청의 목적인 속마음 듣기는 포기해야 합니다.

POINT 상대방 이야기의 리듬에 맞추는 것이 가장 중요하다.

11

경청을 시작하는 방법

O

바로 본론으로
들어가도 된다.

공통 항목을
찾기 위해서
잡담부터 시작한다.

악마의 경청은 상대방과의 1on1 미팅에서 힘을 발휘합니다.

여러분의 고민은 기초편에서 다룬 '처음 만나는 사람과의 첫 대화'처럼 대화의 시동을 어떻게 걸어야 하느냐일 것입니다.

악마의 경청 중에는 상대방과의 공통 항목을 찾기 위해서 잡담으로 대화를 시작하는 일을 해서는 안 됩니다. 상대방이 대화할 의사가 있다면, 바로 본론으로 들어가는 것이 좋습니다.

대화의 시작은 목적에 맞는 것이라면 어떤 것이든 물어봐도 괜찮습니다. 경험이 적은 초보자는 현황 파악(현재)에서 시간을 거슬러 올라가는 것이 더 쉽습니다.

앞에서 언급한 여성(40대 싱글맘)의 예로 살펴보겠습니다.

얼굴을 마주 본 지 5분, 이 단계에서 함께 공유하고 있는 정보는 '가난한 사람'이며, 사전에 '경제적, 정신적으로 사는 게 너무 힘들다'라는 메시지를 받았다는 것입니다.

간단한 인사 직후의 짧은 대화를 통해 상대방의 긍정적인 자세를 느낄 수 있었습니다. 이제 그녀에게 물어볼 주제는 '어떻게 해서 경제적으로도 정신적으로도 살기 힘든 상황에 처하게 되었는가?'입니다.

반드시 그 상황, 심경에 처하게 된 이유가 있겠지만, 그 이유는 본인만 알고 있을 겁니다. 듣는 사람은 질문을 통해 그 이유를 말할 수 있도록 도와주면 됩니다.

기본적으로 말투는 상대방에게 맞춥니다.

상대가 존댓말을 사용하면 존댓말로, 연하나 또래여서 반말을 쓴다면 거기에 맞춰 반말을 쓰면 됩니다.

그러나 얼굴을 본 지 5분 된 사이에서는 상대가 어떤 말투를 쓰는지 알 수 없습니다. 그러니 존댓말로 "집이 이 근처이신가요?"라고 말하는 것이 무난합니다.

질문자   "집이 이 근처이신가요?"

여성   "여기서 자전거로 5분 정도 걸려요."

질문자   "누구랑 함께 살고 계세요?"

여성   "아이랑요. 남자아이는 중학교 1학년이고, 여자아이는 여섯 살 됐어요."

질문자   "월세는 얼마 정도입니까?"

여성　"17만 원이요. 수입은 때마다 조금씩 다른데, 지금은 일하고 있지 않아요."

일단 대화를 시작했습니다. 5W1H(언제, 어디서, 누가, 무엇을, 왜, 어떻게)를 의식하면서 질문을 하고, 구체적으로 상대방의 현 상황을 이해하고 상상합니다.

월세 금액에서 유추해보면 아마도 교외에 있는 오래된 공영 아파트에서 살고 있을 것입니다. 넓지 않은 방 하나 있는 집이거나 방 두 개에 부엌 겸 거실이 있는 곳일 겁니다. 그곳에서 중학생과 여섯 살 아이와 함께 살고 있습니다. 무직이니 가족 세 명이 함께 있는 시간이 길 테고, 웃음이 끊이지 않는 단란한 가족의 모습은 떠오르지 않습니다. 이야기를 들으면서 왠지 모르게 상상이 갑니다.

대화의 시작은 어떤 질문이어도 괜찮다

처음 만나는 사람과의 첫 대화는 대부분 일문일답이 될 확률이 높습니다. 5W1H를 의식하면서 구체적인 대화를 하다 보면 말하는 사람은 '속마음을 듣고 싶어 하는' 의지를 느끼게 됩니다.

상대방의 구체적인 생활상을 알고 싶어 하는 마음이 전달되면 상대방도 그에 부응하여 점점 더 구체적으로 이야기하게 됩니다.

앞의 대화에서 '일하고 있지 않다'라는 말이 나왔습니다. 이는 현 상황에서 중요한 주제이므로 픽업 질문으로 다음 이야기를 끌어냅니다.

질문자   "지금 일을 안 하고 계시나요?"

여성   "의사가 일하면 안 된다고 해서요. 벌써 3년 정도 됐을 거예요. 정신과예요. 꽤 오래전에 해리성 장애와 경계성 성격장애 진단을 받았어요. 이웃들과 친분 쌓기도 힘들고, 아이 유치원 엄마들을 사귀기도 어려워요. 괜히 짜증이 나곤 해요. 그래서 다들 저를 싫어해요. 게다가 애들하고 계속 같이 있으니까 힘들어서 첫째 애한테 화를 내버리기도 해요."

중요한 내용이라 반복해서 강조하는데, 현재 상황을 파악하기 위한 범위 내라면 대화의 시작은 어떤 질문이어도 좋습니다. 예를 들어 "지금 어떤 일을 하나요?", "지금 누구랑 함께 살고 있나요?" 등 어떤 질문으로 대화를 시작해도 괜찮습니다.

벌써 해리성 장애, 경계성 성격장애 진단, 자녀에 대해 부정적인 감정이 있다는 자기 공개를 했습니다.

지금은 현재 상태를 파악하기 위해 질문을 하는 것이기 때문에 앓고 있는 정신과 질환에 대해서는 뒤로 미루겠습니다. 자녀와의 관계, 유치원 엄마들이 싫어한다는 구체적인 상황 등을 듣고, 현 상황에 대한 파악을 끝내고 나서 언급합니다.

픽업 질문으로 상대의 이야기를 끌어내면서 5W1H를 의식하는 질문을 통해 현 상황을 파악합니다. 그리고 상대방에게서 한 발 더 나아간 이야기가 나오길 기다립니다.

POINT 바로 본론으로 들어가고, 5W1H를 의식하며 대화를 이어나간다.

12

경청의 범위를
넓히는 질문 방법

O

×

월세는 어느 정도입니까?   월세는 비싼가요?

듣는 사람에게 목적이 있는 악마의 경청에서는 듣는 사람의 질문에서 대화가 시작됩니다.

상대방은 말할 생각으로 왔더라도 어떤 것을 물어볼지 알지 못합니다. 듣는 사람에 대한 신뢰도 없고 반대로 부정적인 감정도 없는 제로 상태입니다. 그래서 어떻게 대화를 시작하느냐가 매우 중요합니다.

이때 해서는 안 되는 것이 'YES·NO'로 대답을 끝낼 수 있는 닫힌 질문을 하는 것입니다.

대화의 시작을 닫힌 질문으로 해버리면 상대에게 고압적인 인상을 주거나 질문자에 대한 의문을 가지게 하여 의욕을 떨어뜨립니다. 닫힌 질문이 반복되면 분위기가 나빠질 수밖에 없고 대화는 파국으로 흐르게 됩니다.

대화의 시동을 거는 질문은 자연스럽고 부드럽게, 일상 대화처럼 해야 합니다.

저 같은 경우엔 상대방의 의욕을 확인한 후 인사의 연장인 것처럼 "집이 이 근처이신가요?"라는 질문으로 시동을 걸었습니다.

나쁜 예로, 이 장면을 닫힌 질문으로 만들어 봅시다.

질문자   "이 동네에 사시죠?"

여성   "네."

질문자   "가족은 있으신가요?"

여성   "네. 첫째는 중학교 1학년이고, 둘째는 여섯 살입니다."

질문자   "월세는 비싼가요?"

여성   "아니요."

"이 동네에 사시죠?", "월세는 비싼가요?"와 같이 답을 한정 짓는 닫힌 질문으로는 이야기가 확장될 수 없습니다. 게다가 심문을 받고 있다는 인상을 줌으로써 상대방의 마음이 불편해집니다.

닫힌 질문으로는 "자전거로 5분 거리 아파트", "(월세가) 17만원", "지금 일을 안 하고 있다"라는 구체적인 정보를 얻을 수 없

         말을 못하면 들으면 된다

습니다.

닫힌 질문은 상대의 의욕을 떨어뜨리는 것뿐만 아니라 정보 수집 수단으로써도 비합리적입니다.

닫힌 질문이 유용해지는 상황이란

닫힌 질문이 유용해지는 유일한 상황은 질문을 던져도 상대가 말하지 않을 때입니다.

오랫동안 취재나 인터뷰를 하다 보면 심하게 말주변이 없거나 건강하지 않은 사람을 만나기도 합니다. 또, 나가고 싶지 않은데 매니저에게 억지로 불려 나온 연예인이나 편집자의 캐스팅 실수가 생기기도 합니다. 이런 경우에는 상대방이 애초에 대화할 마음이 없기 때문에 열린 질문은 성립하지 않습니다. 그자리를 파해도 되지만, 마감이나 각각의 사정이 있는 프로의 세계에서는 어쩔 수 없이 대화를 진행해야 합니다. 이때 닫힌 질문이 효과를 발휘합니다.

상대방에게 의욕이 없는 상황에서 정보를 입수해야만 한다면, 내 쪽에서 가설을 밀어붙일 수밖에 없습니다. 그러면 필연적으로 닫힌 질문이 됩니다. 만약 이 여성이 말하는 것을 거절했다고 합시다.

질문자   "역 앞 레스토랑으로 약속 장소를 정하셨네요. 이 동네에서 가족과 함께 사세요?"

여성   "……"

질문자   "가족은 아들입니까, 딸입니까. 아들?"

여성   "……네."

질문자   "아들은 외동입니까?"

여성   "……아니요."

질문자   "자녀가 또 있나요?"

여성   "……네. 딸이 한 명…"

질문자   "세 명이 살고 있군요. 본가에서 지내나요?"

여성   "아니요."

프로용의 어려운 테크닉입니다만, 대화를 거절하는 상대에게는 이렇게 'YES·NO'로 대답할 수 있는 닫힌 질문을 빠르게 반복하여 조금씩 정보를 모아갈 수밖에 없습니다.

상대방이 말할 의지가 없는 상태에서 속마음을 끌어내는 것은 불가능하기 때문에 이 방법이 마지막 수단입니다.

상대방이 닫힌 질문에 대해 마지못해 대답하는 동안 마음이 바뀌어서 속마음을 말할 때도 있고, 끝까지 비협조적으로 대화가 끝날 때도 있습니다.

POINT 'YES·NO'로 대답이 끝날 질문은 하지 않는다.

13

경청에 필요한 시간

O

제한 시간을
90분으로 정한다.

X

상대가 허락하는
한 시간을 들여서 묻는다.

여성(40대 싱글맘)의 목소리가 커서 예상대로 옆자리에 앉은 회사원에게 대화가 모두 들렸습니다. 그러나 여성은 말하는 것에 정신이 팔려 아무것도 신경 쓰지 않았습니다.

정신과에서 해리성 장애, 경계성 성격장애 진단을 받았다고 했습니다. 일상이 고독이었는지 '내 말을 들어줘!'라는 강한 의지가 전해졌습니다.

"나를 죽이려고 하는 건가 싶을 정도로 맞았어요. 죽을 수도 있겠다 싶어서 도망쳤어요. 차에 올라타 간신히 아픔을 참으며 핸들을 꼭 부여잡고 도움을 청하러 본가로 갔어요."

"오랜만에 본가에 갔더니 부모님과 오빠, 가족 모두가 있었어요. 간단히 상처를 치료하고 있는데 그가 본가까지 쫓아 들어왔죠. 아버지와 오빠에게 도와달라고 소리쳤지만, 모두 아무 말도 하지 않고 저를 쳐다도 보지 않았어요."

악마의 경청을 하는 동안에 여성의 가정교육과 집안 분위기, 고향의 지역성에 문제가 있다는 것을 바로 알 수 있었습니다.

악마의 경청을 하다 보면 어떤 부류의 사람이든 이와 같은 잔혹한 이야기가 일상적으로 튀어나옵니다. 힘든 과거나 현재를 살고 있는 사람은 매우 많습니다.

가끔 "이렇게 평화로운 나라에서 정말로 그런 일이 일어날 수 있습니까?"라고 묻는 사람이 많습니다. 그렇게 말하는 사람은 일상에서 접하는 가까운 사람들에게 속마음을 들을 기회가 없었을 가능성이 높습니다.

이처럼 잔혹한 이야기가 아니더라도, 다른 사람의 이야기를 듣는 일은 체력과 정신력을 갉아먹습니다.

상대방은 자신의 이야기를 하는 것이기 때문에 끊임없이 말합니다.

그러나 듣는 사람은 완전히 미지의 이야기를 듣는 것이므로 피로할 수밖에 없습니다.

듣는 사람은 90분 이상의 인풋을 할 수 없다

듣는 사람에게 피로가 쌓이면 집중력이 떨어집니다.

사람에 따라 차이가 있지만, 대략 시작하고 나서 40분 정도까지는 상대방의 이야기에 집중할 수 있습니다. 이후로는 점점 피곤해져서 상대방의 정보에 대한 흡수력이 떨어집니다.

90분이 넘기 시작하면 상대가 말하고 있어도 내용이 입력이 되지 않고 건성으로 듣게 됩니다.

경험상 듣는 사람의 집중력이 유지되는 시간은 길어도 120분, 평균 90분 정도입니다.

그 시간을 초과하면 정보를 받아들일 수 있는 용량이 가득 차서 머리에 들어오지 않습니다.

실제로 인간의 집중력에는 15분, 45분, 90분의 리듬이 있는데, 초등학교 수업은 45분, 대학 강의는 90분입니다. 수업이나 스포츠 등이 15분, 45분, 90분으로 구분되어 있는 것은 인간의 집중력 리듬에서 기인합니다.

악마의 경청에서는 말하는 사람이 아웃풋, 듣는 사람이 인풋의 위치입니다.

부담은 인풋 쪽이 더 많습니다. 여러분도 아마 무언가를 120분

이상 집중해서 듣기는 어려울 것입니다.

그래서 미리 제한 시간을 90분으로 정하고 진행해야 합니다.

제한 시간이 있다는 점을 생각하면 잡담이나 자신의 이야기가 얼마나 헛된 것인지 알 수 있습니다.

여담이지만 취재나 인터뷰 상황에서 필요한 정보와 불필요한 정보를 순식간에 구별할 수 있는 기술이 있습니다. 상대방의 이야기를 들으면서 손가락 끝으로 녹음기의 온·오프 스위치를 눌러 필요한 정보만 녹음해보는 것입니다. 녹음된 데이터는 항상 대략 70분 정도이지만, 상대방은 80~110분 정도 이야기합니다.

많은 사람이 자각하지 못한 채 자기 이야기를 하고, 프로 취재자들도 대다수는 노트북을 치면서 상당한 시간을 들여 잡담이나 자신의 이야기를 합니다. 그러는 동안 시간은 흘러갑니다.

그 결과, 리듬이 무너지고 제한 시간을 넘긴 채 어중간하게 끝나버립니다.

자기 이야기 때문에 제한 시간을 초과해 취재나 인터뷰가 도중에 끝나버리면 상대방 이야기의 골인 지점이 어디인지 알 수가 없습니다.

그들 대부분은 도중에 끝나버렸다는 자각도 없고, 대화의 리듬이 깨졌다는 것도 깨닫지 못합니다.

POINT 90분, 한판 승부라고 생각한다.

14

경청 중,
듣는 사람의 의견

O

응. 그렇구나.

당신은 엄마니까
아이의 기분을
알아야 해요!

여성(40대 싱글맘)의 이야기는 상당히 심각했습니다. 부모의 무시와 남자친구의 잦은 폭력으로 정신질환이 생겼고, 게다가 섹스 의존증이 있는 상태였습니다.

불륜과 섹스에 의존하는 관계를 반복했습니다. 첫 번째 결혼 때 아들이 생겼지만 이혼으로 싱글맘이 되었고, 이후 아빠가 누구인지 모르는 딸을 낳았습니다.

"의사에게 해리성 장애 진단을 받았어요. 일을 하면 안 된다고 했어요. 연애도 정신 상태를 더 불안정하게 만들기 때문에 금지라고 했어요. 부모, 오빠와의 관계도 소원해졌고 친구도 없어요. 외로워서 미쳐버릴 것 같아요."

"의사의 의견을 무시하고 데이팅 앱에서 낯선 남자들을 만났어요. 이미 셀 수 없을 정도로 많아요. 저도 왜 그런지 이유를 모르겠어요. 친절함을 느끼고 싶고, 상냥한 말을 듣고 싶어서 끊임없이 메시지를 주고받아요. 아이들은 방치한 채로 말이죠."

좋지 않은 일을 하고 있다는 자각은 있지만 스스로는 어떻게 할 수 없는 상태입니다.

악마의 경청을 익혀서 상대방의 속마음을 들을 수 있게 되면 아마 여러분도 일상생활에서 이렇게 자기를 보여주는 경험을 하게 될 것입니다.

상대방이 자신의 부정적인 과거나 현재 상황을 말할 때가 관계성의 분기점입니다.

듣는 사람의 의견이 경청을 깨뜨린다

이 여성은 분명히 잘못된 행동을 반복하고 있습니다. 게다가 자신이 잘못된 행동을 하고 있다는 것을 알고 있습니다. 그런 상황에서 예를 들어 "당신은 엄마니까 아이의 기분을 알아야 해요"라고 말하는 사람이 있습니다. 이는 고압적인 자세임과 동시에 매우 좋지 않은 말입니다.

악마의 경청을 하는 목적은 상대의 속마음을 최대한 끌어내는 것입니다. 그런데 이렇게 자신의 의견을 말해버리면 목적에서 멀어지게 됩니다. 힘들게 자기 마음을 열고 이야기를 하는 좋은 분위기에 찬물을 끼얹는 것과 같습니다.

방치된 아이는 불쌍하지만, 마음을 열고 말하는 상대에게 의견을 말하는 것은 절대 해서는 안 되는 행위입니다. 도저히 참을 수 없다면 제한 시간 90분이 지난 다음에 하도록 합시다.

상사와 부하, 선생과 학생의 관계라면 더욱 조심해야 합니다.

만약 부하가 속마음을 털어놓았는데 상사가 권위적인 태도로 의견을 말하면, 그 순간 부하는 위축되어 원래의 관계로 돌아갑니다. 그 후, 부하는 형식적인 이야기만 하거나 아무 말도 안 하게 될 겁니다.

전형적인 경청의 실패입니다.

POINT 경청 중에는 자신의 의견을 말하지 않는다.

15
도움이 필요한
상대방에 대해서

O

참견하지 않고 끝까지
이야기를 듣는다.

돕기 위해서
적극적으로 조언한다.

자신의 의견은 모두 봉인해야 하지만, 특히 해서는 안 되는 것은 상대방의 이야기를 부정하고 조언하는 것입니다.

　이것은 대면 커뮤니케이션에서 많은 사람이 저지르는 최악의 실수입니다.

　조언하는 행위 자체가 애초에 대등한 관계가 아니라 위에서 내려다보는 듯한 분위기에서 이루어지기 때문에 부정적인 에너지를 가지고 있습니다.

　정신질환을 앓고 있으면서 아이를 방치하는 여성(40대 싱글맘)이 이야기하는 도중에 가령 "건강이 중요하니까 의사의 말을 충실히 따라야 해요"라든가 "남자를 만나는 것보다 아이들을 보살피는 게 더 중요해요"라는 조언을 했다고 칩시다.

　남자와 만나고 있는 현재진행형인 행위를 부정하고 건강과 가정을 돌봐야 한다는 조언입니다. 그런 말을 하지 않아도 본인도 이미 충분히 알고 있습니다.

　아마도 여성은 지겹다는 표정으로,

"그렇죠. 저도 알아요. 앞으로 아이들을 위해 열심히 노력할 게요."

이런 대답을 할 것입니다.

부정하고 조언하고 싶어 하는 당신과의 자리를 깨뜨리지 않기 위해 의견이나 조언을 받아들이는 척하는 형식적인 답변입니다.

그 자리를 깨뜨리지 않기 위한 답변이기 때문에 진심이 담겨 있지 않습니다.

당신에게 더 많은 조언을 구할 수도 있지만, 그것은 당신이 조언하고 싶어 한다는 걸 간파한 여성의 배려일 뿐입니다.

이야기의 골인 지점은 아직 저 멀리 있는데도 이야기는 거기서 끝나버리고 말 것입니다. 그 자리가 만족스러운 사람은 조언한 당신뿐입니다.

당신이 여성의 이야기에 대해 부정하고 조언을 해버렸기 때문에 외로움으로 인한 남성 의존이나 아동학대와 같이 더 중요하고 핵심적인 이야기를 듣지 못하게 된 것입니다.

말을 못하면 들으면 된다

악마의 경청에서는 상대가 무지하든, 어떤 어리석은 짓을 하든, 계속해서 이야기할 수 있도록 환경을 만들어주는 것이 무엇보다 중요합니다.

악마의 경청에서 '상대방의 이야기에 공감할 수 있는가', '긍정할 수 있는가'와 같은 듣는 사람의 주관적인 감정은 아무런 도움이 되지 않습니다.

상대방의 신뢰를 얻기 위해서 듣는 사람의 역할에 충실하라

남자와의 관계나 아이들을 방치하고 있다는 고백은 일반적으로 타인에게 질타받을 행동입니다.

상대는 리스크를 각오하고 당신에게 말하고 있는 것입니다. 이야기를 듣고 있는 사람을 신뢰하기 때문입니다. 그러므로 그 믿음에 부응해야 합니다.

'자신의 의견을 말하지 않는다', '부정하지 않는다', '조언하지 않는다'. 이는 상대방의 신뢰에 부응하는 최소한의 조건으로, 절대로 해서는 안 되는 일입니다.

저의 경우, 당연히 그런 실수를 하지 않기 때문에 이야기는 매끄럽게 이어집니다.

"매일매일 계속 짜증이 나요. 아침이나 저녁만 되면 아이들에게 화를 내요. 둘째 아이의 목욕이나 옷을 갈아입히는 귀찮은 일들은 큰 애한테 떠넘기고 있어요. 사실 둘째 아이는 방치가 아니라 학대하고 있는 걸지도 몰라요."

"남자와 문자를 주고받거나 온종일 누워서 멍하니 시간을 보내는 게 전부예요. 몸을 움직이는 것은 남자친구를 만나러 갈 때뿐이에요. 육아를 할 마음이 생기지 않아요. 이대로는 안 된다는 생각은 하지만 매일 같은 일을 반복하고 있어요."

여성은 90분을 훌쩍 넘겨 150분 가까이 계속 이야기를 했습니다. 집중력을 잃어 마지막에는 솔직히 건성으로 들었습니다.

이야기를 들은 후, 상대방과 어떻게 할 것인지는 각자의 목적에 달려 있습니다.

제 목적은 기사화였기 때문에, 그것으로 끝내고 여성을 돌려보냈습니다. 만약 연인이라면 생활을 재건하는 노력을 해야 할 것이고, 사회복지사라면 아동학대를 해결해야 하며, 의사라면 정신적인 치료를 처방해야 할 것입니다.

상대방에게 자신의 목적을 드러내는 것은 이야기가 골인 지점에 도달한 후에 가능합니다.

여성의 심각한 상황을 알게 된 것도 피곤함을 참아가면서 끝까지 이야기를 경청했기 때문입니다.

이야기 도중에 여성의 상황을 부정하고 조언했다면 거기서 끝났을 것이고, 그러면 아이들이 학대받고 있다는 사실은 들을 수 없었을 것입니다.

POINT 부정하지 않는다. 조언하지 않는다.

16

상대방이 정신질환을
고백했다

O	X
"무슨 일이 있었습니까?"라고 질문한다.	상대방이 상처받을 것 같은 이야기는 건드리지 않는다.

여성(40대 싱글맘)의 이야기에서 중요한 키워드로 보였던 것은 대화 시작 부분에 나온 '해리성 장애', '경계성 성격장애'였습니다. 무언가 이유가 있어서 심신에 커다란 스트레스가 가해진 것입니다.

키워드는 상대방의 이야기에서 나옵니다. 키워드라고 판단되면 기억해서 저장합니다.

첫 대화의 주제는 현재 상황 파악이었습니다. 현재 상황을 말하는 도중에 키워드가 나왔기 때문에 기억해두었다가, 진행 중인 현재 상황에 대한 파악을 먼저 끝냅니다. 여성은 취업 금지라는 의사 지시로 인해 무직이고, 오래된 아파트에서 살고 있으며, 수입은 정부에서 나오는 아동 부양 수당과 첫째 아이의 친부에게서 받는 양육비가 전부였습니다.

가난하지만 월세가 싸고 양육비가 있어서 겨우겨우 생활은 가능한 정도였습니다.

어떤 내용이 나올지는 전혀 알 수가 없습니다. 첫 대화에서 다음 주제를 찾아서 그에 관한 질문을 던져야 합니다.

제한 시간 90분의 이야기 중에도 각각 세분화된 주제가 있습니다. 대화 초반의 주제였던 현재 상황 파악을 위한 이야기는 언젠가 끊기게 마련입니다.

그 이야기가 일단락되면 새 키워드인 '해리성 장애', '경계성 성격장애'를 꺼내고, 과거로 거슬러 올라가서 질문하며 제2단계 주제로 전환합니다.

"해리성 장애는 스트레스가 원인이라고 하는데, 무슨 일이 있었나요?"

사람들은 대부분 타인의 부정적인 상황에 관해 묻는 것을 꺼립니다. 유복한 환경에서 살아온 사람일수록 그런 경향이 강한 것 같습니다.

그들에게 꺼리는 이유를 물으면, 모두 입을 모아 "상대방에게 상처를 줄 수도 있다는 두려움에 묻지 못하겠다"라고 말합니다.

굉장히 위험한 생각으로, '이미 상대방을 대등한 존재로 생각하지 않고 상대의 상처를 불쌍하게 생각한다', '위에서 내려다보는 태도로 임하고 있다'라는 해석도 가능합니다.

말을 못하면 들으면 된다

여기서는 여성이 이미 자신의 입으로 말한 키워드이므로 질문에 답하기 주저하거나 대답을 거절당할 일은 100퍼센트 없습니다.

2단계에서는 키워드 '해리성 장애'를 앓게 된 이유를 알아내야 합니다.

해리성 장애가 생겼다.

↓(WHY?)

10대 때, 남자친구에게 심한 폭력을 당했다.

↓(WHY?)

어릴 때의 애정 부족이 원인으로 의존성이 강해져서 도망치고 싶어도 도망치지 못했고, 계속 폭력에 시달렸다.

↓(WHY?)

고향의 지역성이 '장남 제일주의'였기 때문에 오빠만 관심과 사랑을 받았다.

이처럼 키워드를 파고들면 상대방에 대해 더 많은 것을 알 수 있습니다.

순간 키워드를 감지하고 질문을 통해 알아낸다

또 하나의 키워드는 '남자들과 만나는 것을 멈출 수 없다'였습니다.

여섯 살 딸아이의 '친부가 누군지 모르는' 상황은 보편적이진 않습니다.

2단계 이야기 과정에서 나온 키워드 '남자들과 만나는 것을 멈출 수 없다'를 3단계의 주제로 삼았습니다.

남자와의 만남을 멈출 수 없다.

↓ (WHY?)

상냥한 말을 해주니까.

↓ (WHY?)

어릴 때의 애정 부족. 강한 의존증.

↓ (WHY?)

고향의 지역성이 '장남 제일주의'였기 때문에 오빠만 관심과 사랑을 받았다.

여성의 생활이 무너진 이유는 어릴 때의 애정 부족 문제 때문이었습니다.

대화 중간에 순간 감지한 키워드에 대해 'WHY?'라는 생각으로 파고들어가 상대방의 배경과 이야기를 알 수 있게 됩니다.

듣는 사람의 입장에 따라서는 여성의 빈곤, 아동학대에 대한 문제 해결이 목적일 수도 있습니다.

그렇다면 더더욱 상대방의 이야기에서 키워드를 감지하고 타이밍을 봐서 좀 더 깊이 파고들어 문제를 밝혀내야 합니다.

POINT 키워드를 놓치지 않는다.

17

상대방의 이야기가
다른 방향으로 흐를 때

O

틈이 보이면 바로
질문을 던져
이야기를 되돌린다.

이야기를 끊는 것은
실례이므로 끝날 때까지
계속 듣는다.

코로나가 유행하기 전, 학생 몇 명을 모아 5회에 걸쳐 '작가 강좌'를 열었습니다. 마지막에 누군가를 인터뷰하고 기사를 쓰는 과제를 냈습니다. 학생들은 의외로 기사를 쓰는 것보다 전 단계인 인터뷰를 힘들어했습니다. 학생의 20퍼센트만이 최소한의 정보를 들을 수 있었습니다.

실패한 학생들은 다음과 같은 질문을 했습니다.

"상대방이 듣는 사람의 의도와 다른 이야기를 하면 어떻게 해야 하나요?"

대화 중에 상대방의 이야기가 듣는 사람의 목적이나 의도에서 벗어나는 일은 아주 흔한 일입니다. 속마음을 끌어내고 싶은 악마의 경청에서는 상대방이 하고 싶은 이야기를 하도록 하는 것도 있지만, 듣는 사람이 듣고 싶은 이야기를 하게 하는 목적도 있습니다.

상대방이 말하고 있더라도 눈치 보지 말고 질문을 해서 이야기의 방향을 되돌립시다.

상대방의 이야기가 주제에서 벗어나는 경우는 무수히 많지만, 자신의 일이 아니라 제삼자의 일이나 누군가에게 들은 2차 정보를 계속해서 이야기하는 경우가 가장 흔합니다. 전혀 필요 없는 제삼자의 정보를 말할 때는 과감히 조치를 취해야 합니다.

주제에서 벗어난 이야기를 계속 들어주면 원래대로 되돌릴 수 없다

쓸데없는 이야기가 시작되면 빨리 원래대로 되돌리기 위해 타이밍을 잡아야 합니다.

사람은 쉬지 않고 계속 말을 하기가 쉽지 않습니다. 이야기 도중 반드시 한숨을 돌리는 '틈'이 생기기 마련입니다.

"그런데, ○○ 씨는 그때 어떻게 생각하셨나요?"
"그래서, ○○ 씨는 어떤 행동을 하셨나요?"

이야기가 중간에 일단락되었거나 틈이 생기는 순간 위와 같은 느낌으로 간결한 질문을 합니다.

말을 못하면 들으면 된다

상대방이 전혀 다른 이야기를 하고 있었더라도 이쪽에서 '그런데', '그래서'라는 마침표를 찍으면 그 이야기는 끝이 납니다. 게다가 "○○ 씨는"하고 상대방의 이름을 넣어서 물어보면 상대방도 제삼자에 대한 이야기가 주제에서 벗어났다는 것을 알게 됩니다.

다른 사람의 이야기가 아니라 당신의 이야기가 듣고 싶다는 뜻에 화를 내는 사람은 없습니다.

질문을 받게 되면 상대방은 이야기의 방향이 벗어났다는 것을 자각하고 듣는 사람이 원하는 자신의 이야기로 돌아오게 됩니다.

조심해야 할 것은 타이밍을 보는 것과 가능한 한 빨리 바로잡는 것입니다.

필요 없는 이야기인 줄 알면서 20분, 30분씩 들어주면 원래대로 되돌리기가 어렵습니다. 가능한 한 빨리, 이것이 핵심입니다.

POINT 이야기가 주제에서 벗어나면 최대한 빨리 되돌린다.

제3부

악마가 되기 위한 마음의 조정

욕망 정리와
마음의 센터링

18

경청에 임하는 자세, 욕망 버리기

○

상대방의 마음에 들고
싶다는 생각을 버리고
듣는 역할에 충실한다.

상대방의 마음에 들고
싶다며 자기 PR을 한다.

악마의 경청에서는 듣는 사람이 대화를 지배합니다.

야구에 비유해보도록 하겠습니다. 중학교 야구부가 대학이나 프로 야구팀과 시합할 수는 없습니다. 프로 투수의 150킬로미터 속도로 날아오는 공을 중학생은 치기는커녕 받기도 힘들 것입니다.

다른 사람의 이야기를 듣는 것도 마찬가지입니다. 제1부의 대화 기술과 경험만으로는 그 사람의 속마음을 파악하기 힘들 때가 있습니다. 또, 상대방에게 상상하기 힘든 현실을 들었을 때는 도저히 받아들이지 못할 수도 있습니다.

악마의 경청을 하다 보면 점점 수용 능력이 높아집니다. 그리고 언젠가는 반드시 전혀 상상하지 못했던 현실, 즉 상대의 강속구를 경험하게 됩니다.

가족이나 연인의 비밀스러운 과거나 현재, 친구나 동료의 장렬한 커밍아웃 등 갑자기 상대가 강속구를 던졌을 때, 받아들이지 못하고 당신이 망가지거나 너무 예민하게 반응하여 상대방의 이야기에 제한이 걸릴 수가 있습니다. 침착한 태도로 모든 이야기에 대응할 수 있는 자신을 만들어야 합니다.

상대방의 이야기가 상상을 초월하거나 자신의 수용 능력을 넘더라도 제대로 경청할 수 있도록 평소 마음을 다스리고, 강한 멘탈을 만들어야 합니다.

첫 번째로 해야 하는 일이 '욕망 버리기'입니다.

상대방의 속마음을 끄집어내기 위해서 의식적으로 당신의 욕망을 버려야 합니다.

대화는 서로의 공동작업이기 때문에 듣는 사람에 따라 상대방의 말하는 내용이 달라집니다.

여기서 방해가 되는 것은 듣는 사람의 욕망입니다.

'듣는 사람의 욕망과 상대방의 이야기가 왜 관계가 있을까?' 라고 생각할지 모르지만, 많은 관계가 있습니다. 결론부터 말하면, 듣는 사람의 욕망이 크면 상대방의 이야기에 제한이 걸려 속마음을 끄집어내는 것이 어려워집니다.

취재나 인터뷰는 학교도 교과서도 모범답안도 매뉴얼도 없습니다. 날마다 인물 취재를 하는 프로 작가라도 각자 욕망을 가지고 있습니다. 그 때문에 인사나 자기소개가 길다거나, 상대방의 이야기를 가로막는다거나, 질문이 어긋나는 등 실수가 생기는 것입니다.

정답이 없기 때문에 아무도 결과에 대해 딴지를 걸지 않습니다. 그래서 실패를 깨닫지 못하고 계속 실패하게 되는 것입니다.

그 바탕에는 '상대방에게 신뢰받고 싶다', '상대방의 마음에 들고 싶다', '기회가 되면 친해지고 싶다'와 같은, 듣는 사람 마음속에 있는 욕망이 큰 장벽으로 작용하고 있습니다.

상대가 누구든 태도를 바꾸지 않기 위해

상대방의 마음에 들고 싶은 욕망이 없다면 자기소개를 최소화하고 바로 본론으로 들어갈 수 있습니다.

목적은 상대방으로부터 정보를 끄집어내는 것인데도 자신이 신뢰할 수 있는 사람이라는 것을 장황하게 설명하기 위해 불필요한 잡담이 시작되고, 최악의 경우 자기 이야기만 하다 대화가 끝나버리는 일이 벌어지기도 합니다.

잡담은 필요 없는 정보가 난무합니다. 목적과는 다른 정보가 끼어들기 때문에 정보가 늘어날수록 서로의 체력과 집중력이 떨어집니다. 시간은 한정되어 있는데 자꾸 쓸데없는 시간이 흘러가고, 결과적으로 어중간하게 끝나버리게 됩니다.

참고로 저에게는 '글 쓰는 일을 계속하고 싶다'라는 욕망이 있습니다.

그 욕망을 바탕으로 동종업자와의 차별화를 위해 듣는 것에 집착하고, 실전에서 악마의 경청이라는 기술을 익혔습니다. 그 외의 욕망은 버렸기 때문에 '상대방의 마음에 들고 싶다'거나 '신뢰받고 싶다'와 같은 생각은 전혀 하지 않습니다.

그렇게 마음 다스리기가 끝나 있으면 상대방에게 자신의 이야기를 할 필요 없이 어떤 질문도 꺼낼 수 있습니다.

더 많은 이야기를 듣는 것과 속마음을 끄집어내는 일에 집중하기 때문에 상대방이 수려한 외모를 가졌거나 성격 안 좋은 중년 남성이라고 해도, 태도는 전혀 바뀌지 않습니다.

모든 욕망을 버리고 무의 상태에서 상대방과 마주하는 것이 이상적이지만, 모든 욕망을 버리면 상대방과 마주할 이유도 없어지고 맙니다. 듣는 사람의 욕망을 모두 버리는 것이 아니라 최소화하고, 목적을 상대방과의 대화 하나로 좁혀야 합니다.

욕망을 어떻게 좁혀야 하는지, 어떤 욕망을 선택해야 하는지는 당신의 사정에 달렸습니다. 인기를 얻고 싶다, 부하의 행복을 위해, 상담의 성공, 고민하는 사람에게 도움을 주고 싶다 – 어떤 욕망을 선택해도 괜찮습니다.

욕망을 하나로만 좁히고 그것을 달성하는 데만 집중하여 상대와 마주하면 됩니다.

POINT 욕망을 하나로 좁힌다.

19

복지 현장에서의
욕망 버리기

○	✕
사회에 공헌하고 싶다는 마음을 버린다.	사회에 공헌하고 싶다는 마음으로 임한다.

사람이 욕망을 전부 버린다는 것은 불가능하므로 자신의 욕망을 인지하고, 자각한 욕망을 한계까지 정리하고 버려야 합니다.

　'부하가 행복해졌으면 좋겠다', '사회에 공헌하고 싶다'라는 바람이 대단하게 들릴지 모르지만, 모두 욕망에 해당합니다.

　욕망을 버리지 못하면 악마의 경청은 성공할 수 없습니다.

　여러분이 마음속에 품고 있을 것 같은 욕망을 구체적으로 말해보겠습니다.

케이스 1 40세 남성, 의식 있는 비즈니스맨

　욕망 ① 부하에게 존경받고 싶다. 좋은 리더이고 싶다

　욕망 ② 부하가 성장해서 실적을 올렸으면 좋겠다

　욕망 ③ 부하가 행복했으면 좋겠다

　①의 '부하에게 존경받고 싶다'라는 생각에서 자기긍정감이 강하고 자신감이 넘치는 성격임을 짐작할 수 있습니다. 이러한 유형은 부하에게 도움이 된다고 생각해 자신의 경험담을 윗사람의 위치에서 가르치려는 태도가 되기 쉬우며, 조직의 상하관

계나 연공서열을 인간관계에 무의식적으로 끌어들입니다.

그 생각을 버리지 않는 한 악마의 경청은 성공할 수 없습니다.

게다가 ③의 '부하가 행복했으면 좋겠다'도 생각은 따뜻하고 인간미가 있지만 악마의 경청에는 오히려 큰 장벽이 됩니다.

행복은 사람마다 제각각이고, 상대방의 이야기를 제대로 듣고 나서야 그 사람에게 무엇이 행복인지 알 수 있기 때문입니다.

이렇게 자신감 넘치고 의식이 높은 사람은 자신이 행복이라고 생각하는 것을 상대에게 강요하기 쉽습니다. 자신이 생각하는 이상이 강해서 다른 가치관을 받아들이기 힘든 경향이 있습니다.

부하에게 존경받고 싶다, 부하가 행복했으면 좋겠다는 욕망을 품은 채로는 부하의 진솔한 이야기를 들을 수 없습니다. 오히려 부하들은 그러한 태도에 짜증이 나서 도망치거나 마음에도 없는 인사치레만 남발하게 될 것입니다.

상대가 좋아해주길 바라는 욕망은
경청의 커다란 장벽이 된다

케이스 2 30세 미혼 남성, 여자친구 없음

욕망 ① 여성과 친해지고 싶다

욕망 ② 여성에게 인기가 있었으면 좋겠다

욕망 ③ 누군가와 연인이 되고 싶다

인기를 얻고 싶은 30세 남성의 욕망은 누구나 가지고 있는 건전한 마음 중 하나입니다.

그러나 상대가 나를 좋아해주길 바라는 욕망이 있으면 아무래도 평정심을 찾기 힘들어서 악마의 경청에는 크나큰 장벽이 될 수밖에 없습니다.

예를 들어, 만약 좋아하는 스타일의 이성이라면 그 사람 마음에 들기 위해서 불필요한 자기 어필을 하거나, 좋은 인상을 주고 싶다는 마음이 강해서 상대방에게 던지는 질문에 스스로 제한을 걸어버립니다.

또, 상대방에 대해 호의적인 주관이 개입하여 얘기해보지도 않고 '부정적인 것은 없을 것이다'라고 생각하기 쉽습니다.

상대방도 자신의 인상을 좋게 심어주고 싶기 때문에 듣는 사람의 기분이 상할 것 같은 쓸데없는 말은 하지 않을 것입니다.

케이스 3 **32세 여성, 복지계열 회사 직원**

욕망 ① 어려운 사람을 돕고 싶다

욕망 ② 사회에 공헌하고 싶다

욕망 ③ 고맙다는 말을 듣는 일을 하고 싶다

복지계열 회사 직원의 '사회에 공헌하고 싶다'라는 생각도 커다란 욕망입니다.

누군가를 도와주고 싶은 욕망은 뿌리가 깊습니다. '도와주고 싶다'라는 상냥한 마음은 필연적으로 내가 상대방보다 위에 있는 사람이라는 의식에서 비롯됩니다.

약자에 대해서 위에서 내려다보는 시선을 갖게 되면 이야기에 제한이 걸리게 되어 상대방의 참혹한 상황이나 SOS 신호를 끝까지 듣지 못하는 경우가 대부분입니다.

현대 사회의 격차는 점점 더 심각해지고 있습니다. 계층이 다르면 소통이 어려워지고, 도와주고 싶은 상냥한 마음도 방해가 되는 욕망이 됩니다.

사회에 공헌하고 싶은 사람들의 상당수는 풍요로운 환경에서 살고 있기 때문에 가치관이 좁고 그에 대한 자각도 없습니다.

혜택받은 자신의 가치관을 바탕으로 부정하거나 동정하는 것은 어쩌면 당연한 일일 수도 있지만, 이야기는 더 이상 이어지지 않고 거기서 끝나버립니다.

말하는 사람 입장에서 보면 혜택받은 계층이 자신의 가치관을 강요하고 나의 정체성을 부정하는 것은 민폐에 지나지 않습니다.

악마의 경청을 성공하기 위해서는 이러한 욕망을 버려야 합니다.

POINT 어려운 사람을 돕고 싶다는 마음도 욕망이라는 것을 알아야 한다.

20

상대방에게
신뢰받는 조건

O

신뢰받고 싶다는
욕망을 버린다.

X

신뢰할 수 있는
사람이라는 것을
어필한다.

'욕망 버리기'는 가장 중요한 항목이기 때문에 좀 더 설명하겠습니다.

의사소통의 조건으로 자주 언급되는 '상대방과 신뢰 관계를 쌓는 것'도 커다란 욕망 중 하나입니다.

결론부터 말하면, 신뢰란 상대방으로부터 받는 것이지 자신이 스스로 줄 수 있는 게 아닙니다. 즉 버려야 하는 위험한 생각입니다.

의사소통을 할 때 한쪽이 신뢰 관계를 요구하면 신뢰받고 싶은 쪽이 어필해야만 합니다. 상대방에게 자신이 얼마나 신뢰할 수 있는 사람인지 말하는 건 의미 없습니다. 열심히 서로의 공통점을 찾아 이야기할수록 상대방의 마음은 멀어집니다.

듣는 사람을 신뢰할 것인가, 신뢰하지 않을 것인가는 상대방이 결정하는 것

상대방으로부터의 신뢰는 자기 자신이 요구하는 것이 아니라 상대방의 이야기를 경청하는 과정에서 자연스럽게 생겨나야 합니다.

우선 상대방과 잡담을 하면서 편한 분위기를 만든다.

↓

상대방이 마음을 열고 많은 이야기를 해준다.

↓

신뢰 관계가 생겨서 뭐든지 말할 수 있는 깊은 사이가 된다.

이 '나쁜 예'의 흐름을 정답이라고 믿고 있는 사람이 대단히 많은 것 같습니다. 악마의 경청에 들어가기 전에 잡담을 하면 불필요한 정보가 입력되어 집중력이 떨어지고 어중간한 결말의 원인이 됩니다.

게다가 약간의 잡담을 했다고 해서 분위기가 편해지거나 상대방이 마음을 여는 일은 없습니다. '나쁜 예'를 정답이라 믿고 실행하더라도 상대방이 많은 이야기를 하는 일은 없습니다. 그러므로 당연히 신뢰 관계도 생기지 않습니다.

좋은 예

욕망 버리기를 한 상태에서 바로 본론으로 들어간다.

↓

모든 것을 상대방의 입장에서 듣는다. 자신의 이야기는 최소한으로 필요한 만큼만 한다.

↓

말하면서 상대방의 마음이 열리고 자동으로 신뢰 관계가 형성된다.

악마의 경청에서 상대방과의 신뢰 관계가 형성되는 경우는 이 순서가 정답입니다. 대화 과정에서 듣는 사람을 신뢰할 것인지, 신뢰하지 않을 것인지는 상대방이 결정하는 것이기 때문에 어떻게 될지는 아무도 모릅니다.

다만, 상대방에게 신뢰받고 싶은 마음에 자기도 모르게 자신을 어필하다 분위기가 깨지는 것은 조금만 의식하면 막을 수 있습니다.

POINT 신뢰는 자신이 바란다고 얻을 수 있는 것이 아니다.

21

사장과 부장의
의견 차이가 클 때

○
사장 편에서
이야기를 듣는다.

중립적인 입장에서
이야기를 듣는다.

마음 다스리기에서 '욕망 버리기'와 함께 또 하나 중요한 것이 있습니다.

'마음의 센터링'입니다. 제가 만든 말입니다.

마음의 센터링이란, 모든 사고와 취향, 포지션이 편중되지 않도록 마음을 항상 중앙에 두는 것을 뜻합니다.

사회는 개인의 집합체입니다. 인간관계는 호불호나 이해관계가 서로 다른 여러 축으로 이루어져 있습니다.

예를 들어 경영자와 노동자, 좌익과 우익, 감독과 선수, 교사와 학생, 상사와 부하, 고령자와 젊은이 등 다양한 축이 존재합니다. 어떤 하나의 사상이나 현상도 경영자의 관점으로 볼 때와 노동자의 관점으로 볼 때 견해가 전혀 다릅니다.

마음의 센터링이란 그 모든 대립의 중간을 목표로 하겠다는 생각과 행동입니다.

구체적인 예를 들어보겠습니다.

제조업 A사에는 부사장과 전무의 파벌이 각각 존재한다고 칩시다.

부사장은 옛날부터 내려오는 회사의 전통을 소중히 생각하는 보수적인 사고방식을 가지고 있어서 지금까지 해오던 방식대로 내수 우선의 상품을 개발하고자 합니다.

한편, 전무는 디플레이션이 계속되는 내수 시장에 의존하는 경영은 위험하다고 생각하여, 앞으로 수요가 증가할 아시아 시장을 노리고 상품을 개발하는 쪽으로 변화를 주길 바랍니다.

부사장과 전무는 격렬하게 대립하고 있습니다.

체인점을 운영하는 요식업 B사는 사장과 부장 사이에 심각한 의견 차이가 있습니다.

사장은 타사와의 가격 경쟁과 주주에 대한 환원을 최우선 사항으로 내걸고 사원들에게 과도한 할당량을 부과하는 등 엄격한 정책을 쓰고 있습니다. 회사의 이익을 위해서는 노동법 위반도 어쩔 수 없다는 생각입니다.

한편, 점포를 총괄하는 부장은 심각한 일손 부족 상황에서 가장 소중하게 생각해야 할 것은 종업원이며, 종업원의 생활이나 권리가 최우선이라는 생각을 가지고 있습니다.

이러다 보니 사장과 부장의 대화가 제대로 이루어질 리 없습니다.

'마음의 센터링' = 중립 포지션

이처럼 다양한 이해와 갈등이 뒤섞인 인간관계 속에서 듣는 사람으로 있는 것을 최우선 과제로 생각한다면 두말할 것도 없이 '중간', '중립', '한가운데'가 정답이 됩니다.

지금까지 다양한 사람을 만나봤지만, 욕망 버리기와 마찬가지로 마음의 센터링을 잘 유지하는 사람도 많이 보지 못했습니다.

정치 성향처럼 세상의 모든 일에는 대립이 존재합니다. 대부분의 사람들은 중간을 지키지 못하고 어느 한쪽에 휩쓸리기 마련입니다.

예를 들어, 권리를 주장하는 노동운동에 치우쳐 있으면 경영자나 관리자는 적이 되고 의사소통은 막힐 수밖에 없습니다.

듣는 사람으로서 어느 한 영역 이외에는 의사소통을 하지 못한다는 것은 치명적인 마이너스 요소입니다.

POINT '마음의 센터링'을 항상 의식한다.

22

다양한 가치관이
뒤섞여 있을 때

어떤 입장에 있는
사람이라도 일정한
거리를 두고
이야기를 듣는다.

자신과 같은 가치관의
이야기만 듣는다.

마음의 센터링을 더 이해하기 위해 직접 겪었던 상황을 예로 들어 구체적으로 설명하겠습니다.

　저의 경험 중 다양한 가치관이 뒤섞여 혼란 그 자체였던 곳이 바로 요양업계였습니다. 요양업은 신흥 산업입니다. 저임금과 인력 부족으로 인해 혼란이 현재 진행되고 있어서 업계 전체가 흔들리고 있는 상황입니다.

　사고방식의 축으로 '고령자 우대'인가 '현역 세대 우대'인가, 라는 커다란 분기점이 있고, '돈벌이'인가 '복지'인가, 라는 대립 축이 있습니다.

　요양업에 대한 기본적인 입장은 아무래도 보수적인 편입니다.

　경영자나 일본 후생노동성(일본의 행정기관의 하나. 건강, 의료, 복지, 돌봄, 고용, 노동 및 연금에 관한 행정 등을 관할함.)의 생각은 현역 세대보다 고령자 우대에 치우쳐 있습니다. 현역 세대보다 고령자가 중요하다는 가치관이 지배하고 있어서, 그 결과로 저임금과 가혹한 노동환경이 만연합니다.

　결과적으로 현장 돌봄 직원은 저임금에 시달리고 있는데도 고령자를 우대하려는 이상한 현상이 벌어지고 있습니다.

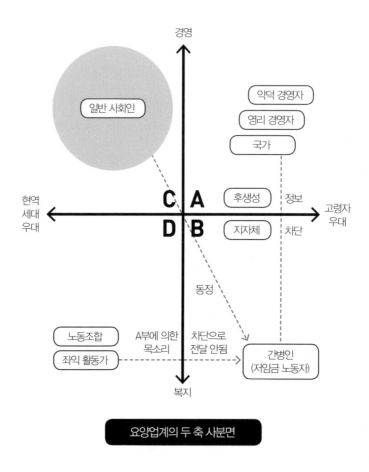

요양업계의 두 축 사분면

요양업계를 분석한 사분면을 보고 간략하게 설명하도록 하겠습니다.

A부(국가, 재무성, 경영자, 주변 사업자 등)가 B부(간병인)를 입

말을 못하면 들으면 된다

맛대로 조종하는 구조입니다.

국가는 사회보장비를 삭감하고 싶은 속내가 있고, 경영자는 이익을 내고 싶어 합니다. 그리고 인력 부족으로 인해 소개업자들만 난립하게 되고, 요양 현장의 사람들에게 정당한 보수를 주는 대신 보람을 느끼라고 강요합니다.

B부는 주로 현장에서 일하는 간병인으로, 저임금에 중노동을 하고 있습니다. 자신을 포함한 현역 세대보다 고령자가 더 중요하다는 가치관이 자리 잡고 있습니다. 더욱이 A부에 의해 정보가 차단되어 가난한 삶을 살고 있습니다.

B부는 마음속으로 이상하다는 의문을 품으면서도 비참한 자신의 현실을 알고 싶지 않기 때문에 C부(현역 세대에 가까운)로부터의 현실적인 조언이나 제보를 듣지 않습니다.

B부는 이상하다는 것을 알면서도 A부에 의한 미사여구나 감언에 속아 빈곤의 원인이 된 A부를 믿고 있습니다.

요양업계에 '보람'이라는 말이 넘쳐나는 것은 이 비뚤어진 구조 때문입니다.

그리고 D부(노동조합, 직능단체 등)의 요양업계 노동자들의 이익이 되는 활동도 A부에 의해 정보가 차단되어 B부로 전달되지 않아 기능할 수 없습니다. 노동조합도 직능단체도 가입률은 5퍼센트 정도로 B부를 저임금으로 일하게 하는 시스템이 완성된 것입니다.

C부 이외에는 어느 쪽의 입장도 생각이 극단적입니다.

이처럼 각각의 속셈이 뒤섞이고 다양한 생각이 모이는 곳에서는 강한 의지를 가지고 중간을 유지해야 합니다. 그렇지 않으면 어느 한쪽으로 치우치게 됩니다.

전방위로 대응할 수 있는 '동그라미 안 이동' 기술

여러분도 자신이 처한 환경을 사분면으로 그려보기를 바랍니다.

그리고 두 축이 겹치는 중심에 컴퍼스로 동그라미를 그립니다. 이 동그라미 안이 자신의 포지션입니다. 상대방의 입장에 맞춰 동그라미 속을 자유자재로 움직입니다.

말을 못하면 들으면 된다

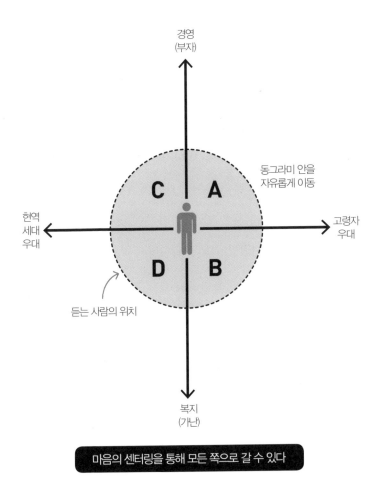

마음의 센터링을 통해 모든 쪽으로 갈 수 있다

예를 들어, 상대가 A부 경영자일 때는 동그라미 안의 A부 쪽
으로 자신의 의식을 이동하여 고령자가 우대받는 현실을 받아

들이면서 의사소통합니다.

반대로 상대가 D부여도 마찬가지입니다. 그러나 무슨 일이 있
어도 동그라미 바깥으로 벗어나지 않도록 유의해야 합니다. 예
를 들자면 D부 주장에 감명을 받아 함께 활동하는 행위입니다.

동그라미 내의 이동은 자유이기 때문에 A부 입장에서 경청하
며 정보를 파악하고, 글을 쓸 때는 매체에 맞춰 D부의 입장에
서서 이익 우선을 비판할 수도 있습니다.

그렇게 상황에 따라 동그라미 안을 이동합니다. 모두와 일정
한 거리를 두면 너무 멀지 않은 거리에서 전방위로 대응할 수
있게 됩니다.

모든 사람에게 대응하기 위해, 누구에게나 공감하기 위해, 속
마음을 끄집어내기 위해서는 반드시 필요한 사고방식입니다.
사람들에게 최대한 많은 이야기를 듣고 최대한 많은 정보를 모
으기 위해 어디에도 속하지 않으므로, 특정 색에 물드는 일은
없습니다.

말을 못하면 들으면 된다

악마의 경청을 실천하기에 앞서 '욕망 버리기'와 '마음의 센터 링'을 의식하면서 마음을 다스리면 그 어느 때보다도 사람의 욕 망이 잘 보이고 더욱 본질에 가까운 정보가 모이게 됩니다.

POINT 더 많은 정보를 수집하기 위해서는 어디에도 속하면 안 된다.

23

지위가 높은 사람과 이야기할 때

⭕

대등한 위치를
의식하며 이야기한다.

"멋져요!",
"존경합니다!"라고
마음을 전한다.

SNS가 번성한 현대 사회는 실체가 없는 셀프 브랜딩이 만연해 있습니다.

인정 욕구가 강한 사람이 자신의 명예와 팬을 얻기 위해 전력을 다하기 때문에 진실이 아닌 정보가 너무 많습니다.

어느 산업에서나 예쁜 사진을 올리거나 좋은 말을 하는 인플루언서에 대해 "멋져요!", "존경합니다!"와 같은 마음을 표현하는 사람을 볼 수 있습니다. 이익을 위해 아첨하는 것일지도 모르지만 실제로 그렇게 예쁜 것들을 업로드하는 사람들의 SNS는 '좋아요', '멋있어요'라는 댓글이 넘쳐납니다.

그러나 저는 그 기술이나 능력이 대단하다고 느끼긴 해도 존경스럽다고 생각하진 않습니다.

욕심 많은 사람의 셀프 브랜딩을 가감 없이 진실로 받아들이고 그들이 올리는 예쁜 모습을 믿어버리면 현실을 분간하지 못하는 심각한 피해를 입게 됩니다. 현실에 없는 것을 믿거나 인정하는 것은 기계로 치면 망가진 상태나 다름없습니다.

존경이라는 감정의 함정

누군가를 무조건 존경하는 감정을 가지면 그 사람과 평등한 관계를 맺을 수 없습니다. 듣는 사람으로서 제대로 된 이야기를 들을 수 없게 되는 것입니다.

대화에서 듣는 사람이 상대방의 인격이나 행위를 높게 봐버리면 대등한 위치에 설 수 없게 되고, 결과적으로 제대로 된 대화가 이루어질 수 없습니다.

큰 업적을 남긴 연예인이나 운동선수, 크리에이터의 재능을 높게 평가하고 인정하는 것은 당연한 일입니다.

그렇다 하더라도 듣는 입장이 될 때는 마음의 센터링을 통해 가능한 한 그 감정을 없애는 것이 바람직합니다.

저는 '누군가를 쉽게 존경하지 말라'고 말합니다.

TV 프로그램에서 출연자가 오랫동안 존경해온 사람을 만나는 장면을 가끔 봅니다.

대개 존경하는 사람과의 대화는 존경과 감사의 말이 오가는 정도에 그치고, 속마음을 나누는 대화는 이루어지지 않습니다.

기술이나 능력이 뛰어난 것은 인정하되, 언젠가 만나서 인간관계를 구축하고 싶다면 존경이라는 감정을 품지 말아야 합니다.

존경이라는 감정은 극단적으로 말하면 의사소통의 단절입니다.

같은 이유로, 누군가에게 존경받는 것도 진심을 다해 막아야 합니다.

저 역시 저자라는 직업상 가끔 "존경합니다!"라는 말을 듣곤 합니다. 그냥 스치는 사람이라면 감사의 인사를 하고 지나가겠지만, 조금이라도 관계가 있는 사람이라면 존경받을 만한 사람이 아니라는 것을 진지하게 설명합니다. 절대 존경하지 말라고 설득합니다.

POINT '누구도 존경하지 않는다'는 마인드를 갖는다.

24
'성장', '배움'은 위험한 단어다

O

상대에게 압박감을
주는 말이므로
사용하지 않는다.

인생에 도움이 되는
긍정적인 말이므로
적극적으로 사용한다.

저는 '성장', '배움'이라는 말을 사용하지 않습니다.

그 이유는 성장하고 싶지 않거나 배우고 싶지 않은 사람을 배려하기 위함입니다.

사회는 의식이 높은 사람만 있는 것이 아닙니다. 더 많은 사람의 이야기를 경청하기 위해서 '누구나 다 아는 인기 있는 말, 너무나 의욕적이어서 말하는 사람의 유형이 정해지는' 말투는 되도록 사용하지 않습니다. 상대방이 나를 특정 유형으로 단정 짓게 되면 상대방의 이야기에 제한이 걸리게 됩니다.

의식이 낮은 사람은 의식이 높은 사람에게 의식이 낮은 이야기를 하지 않기 때문입니다.

'성장', '배움'이라는 단어는 말한 사람의 긍정적인 마음이 느껴지는 단어입니다.

'배움이 중요하다', '매일 성장하라'와 같은 슬로건은 경영자나 관리자들이 자주 사용하는 말입니다. 대부분 노동자를 계발하고 생산성을 높이기 위한 목적으로 사용됩니다.

누구에게나 통하는 단 두 글자의 긍정적인 말에는 다양한 의도가 담겨 있어서 때로는 듣는 이에게 압박감을 줍니다.

그리고 '성장'이나 '배움'이라는 말을 외치는 사람 중 실제로 성장하고 성숙한 사람은 그다지 많지 않습니다. 대부분 자신이 말한 대로 행동하지 않기 때문입니다.

말투 하나 때문에 상대방의 언행에 제한이 걸린다

우리가 살고 있는 사회는 높은 의식을 가진 사람만 있지 않습니다. 오히려 의식이 낮은 사람이 더 많습니다. 이런 상황에서 '매일 성장한다', '배움이 있었다'와 같은 말을 너무 가볍게 사용하다 보면 그런 말에 압박감을 느끼는 대다수의 의식이 낮은 사람은 나에게서 멀어지게 됩니다.

대화는 사람과 사람 간의 행위입니다. 사람이 없으면 듣고 싶어도 대화의 시작점에 서지조차 못합니다.

'성장', '배움'이라는 의욕적인 발언.

↓

많은 사람에게 압박감과 답답함을 준다.

↓

상대방이 나와 거리를 두게 되어 비슷한 사람밖에는 인간관계를 맺지 못한다.

말투 하나로 이와 같은 부정적인 연쇄 반응이 일어날 수 있습니다. 성장이나 배움이라는 말을 외치는 사람에게 자신이 게으르다고 말하기 어렵고, 불륜과 같은 부정적인 이야기도 하기 힘듭니다.

그러다 자신도 모르게 비슷한 사람들만 주변에 남게 되고 그 안에서만 정보를 교환하게 됩니다. 당연히 시야는 좁아질 수밖에 없습니다.

더 많은 사람의 이야기를 듣기 위해, 그리고 악마의 경청을 구사하기 위해서는 다양한 사람들에게 자신이 어떻게 보이는지 의식할 필요가 있습니다.

POINT '배움', '성장'과 같은 긍정적인 말을 사용하지 않는다.

25

자신의 이야기를
하지 않기 위한 좌우명

○

'자신의 밑바닥 이야기
따위는 가치가 없다'는
의식을 갖는다.

✕

듣는 사람의 이야기도
가치가 있다.

악마의 경청을 할 때 '자신의 이야기를 하지 않는다'는 것은 가장 중요한 항목입니다. 이런 어리석은 행동을 하지 않기 위해서는 멘탈을 다스려야 합니다.

욕망 버리기, 마음의 센터링을 잘 실천하면 대화에서 자신의 이야기를 하지 않게 됩니다. 그리고 사람의 욕망이 보이기 시작하고 누군가를 너무 쉽게 존경하는 마음도 없어질 것입니다. 여기까지 왔으면 준비는 거의 끝났습니다.

악마의 경청을 실천하다 보면 알겠지만, 상대방에게 집중하면 계속 긴장 상태로 있게 됩니다. 솔직히 너무 피곤한 일입니다. 반대로 말하는 사람은 자신의 이야기를 들어주기 때문에 마음이 편안해지고 즐겁고 알찬 시간이라 느낍니다.

말하는 사람과 듣는 사람은 같은 시간을 공유하고 있어도 각자 느끼는 것이 전혀 다릅니다.

참고로 저는 악마의 경청을 사용하지 않는 OFF 모드와 사용하는 ON 모드를 구분해서 생활하고 있습니다. 이미 좋은 관계를 맺고 있는 친구나 지인에게는 악마의 경청을 사용하지 않습니다.

그러나 주의하며 사용하는 ON 모드의 경우에도 잠깐 긴장을 늦추면 제 이야기를 해버리는 실수를 하기도 합니다. 그만큼 '자신의 이야기'를 봉인한다는 것은 어렵습니다.

자신을 다스리기 위한 좌우명

저는 실수를 줄이기 위해 항상 '나는 밑바닥이다'라는 좌우명을 마음에 두고 있습니다. 개인적인 생각이기 때문에 여러분께 권장하는 것은 아닙니다.

항상 '나는 밑바닥이다'라는 말을 의식함으로써 힘든 일이 있으면 '밑바닥이니까 어쩔 수 없다', 일시적으로 성공하더라도 '여전히 밑바닥이다'라고 생각하며 자만하지 않고, 냉정을 유지하려고 노력합니다.

현재 제가 쓴 책들의 판매 누계가 100만 부 정도입니다. 그러나 제 경력의 시작은 출판업계의 밑바닥이었고, 오랜 세월 취재한 AV 업계 또한 두말할 것도 없이 밑바닥 세계입니다.

실제로 살아온 환경, 이력이 밑바닥이었기 때문에 '나는 밑바닥이다'라는 좌우명이 아무런 저항 없이 자연스럽게 마음속에 녹아들었고, 저에게 많은 도움이 되었습니다.

밑바닥이라는 자각은 자신의 이야기를 하지 않기 위한 큰 브레이크가 됩니다.

'내가 말하는 이야기는 아무런 가치가 없고 말하면 상대방에게 오히려 폐를 끼칠 뿐이다'라는 생각을 마음에 두고 삽니다.

순간 편해지고 싶은 마음에 내 이야기를 할 뻔하다가 꾹 참았던 적이 수없이 많습니다. 욕망 버리기, 마음의 센터링만으로는 충분하지 않아서 통제하지 못하고 자신의 이야기가 나올 것 같을 때 브레이크를 걸어주는 보험과 같은 것이 '나는 밑바닥이다'라는 좌우명입니다.

여전히 '욕망 버리기', '마음의 센터링', '나는 밑바닥이다'라는 삼중의 마음 다스리기를 통해 악마의 경청에 임하고 있습니다.

POINT 항상 '나는 밑바닥이다'라는 마음으로 산다.

26

상대방이 자살 미수 경험을 말할 때

O

냉정함을 유지하며
계속 듣는다.

눈물을 흘리며
슬픈 인생을 동정한다.

제가 쓴 《도쿄 빈곤 여자》의 프로모션 때 특별 사이트를 만든 적이 있습니다. 그 사이트에 제가 악마의 경청을 구사하는 취재에 여러 번 동석했던 편집자가 댓글을 남겼습니다.

"그들의 이야기를 듣고 나면 기분이 착 가라앉아서 전철을 기다리는 동안 한숨밖에 나오지 않습니다. 나카무라 씨가 대단한 것은 금세 눈물을 흘리거나 거친 말을 뱉고 마는 저와는 달리 항상 담담한 자세를 잃지 않는다는 점입니다. 하지만 우울한 기분으로 집에 돌아가는 것은 같습니다. 그런 기분이다 보니 항상 누가 먼저랄 것도 없이 '한잔하고 갈까?'라는 말이 나오고, 중간에 전철에서 내립니다."

크게 신경 쓰지 않았습니다만, 동행했던 편집자는 가끔 눈물을 흘리거나 목소리를 높였습니다. 빈곤 여성들의 처참한 인생이야기가 자신의 수용 능력을 넘어버렸기 때문입니다.

아마 상대방에 대한 동정이었거나 자신의 상식으로는 상상하기조차 힘든 상황에 대한 동요였을 겁니다.

듣는 사람이 눈물을 흘리면 상대방이 더 개인적인 이야기를 할 가능성도 있지만, 반대로 듣는 사람을 울려서 미안하다는 마음이 작용하여 이야기에 제한을 둘 가능성도 있습니다.

충격적인 이야기를 할 때는 적당히 맞장구를 쳐주면서 냉정하게 계속 이야기를 들어주는 것이 정답입니다.

편집자가 눈물을 흘린 것은 명백한 수용 능력 부족입니다.

듣는 사람의 주관을 넣지 말아야 하는 이유

눈물을 흘리지 않으려면, 수용 능력을 높일 수밖에 없습니다.

편집자가 눈물을 흘린 것은 무료 숙박소(빈곤층을 위한 복지 숙박시설)에 사는 45세 여성의 이야기를 들었을 때였습니다.

어느 도시의 역 앞에서 만나 셋이서 노래방에 갔습니다. 그러자 45세 여성은 창밖을 가리키며 이렇게 말했습니다.

"올해 설 연휴 마지막 날 저기서 자살 시도를 했어요. 진짜 죽으려고 했죠."

이런 심각한 이야기가 나왔을 때 가장 먼저 조심해야 하는 것은 듣는 사람이 희로애락의 감정을 드러내는 것입니다.

그 45세 여성의 말을 사용하여 시뮬레이션을 해보도록 하겠습니다. 참고로 편집자가 실제로 이런 말을 한 것은 아닙니다.

나쁜 예

45세 여성 "저기서 자살 시도를 한 적 있어요. 진짜 죽으려고 했죠."

질문자 "……… (잠깐 말문이 막힘) ……… 그런 슬픈 일이 있었군
요."

듣는 사람이 무거운 내용의 이야기를 감당하지 못해서 불쑥
'슬픈' 감정을 드러내고 말았습니다. 상대방은 실제로 있었던
일을 전달했을 뿐 듣는 사람을 슬프게 하려고 이야기한 것은 아
닙니다.

그런데 듣는 사람이 이런 반응을 보이면 상대방은 말을 이어
가기가 힘들어집니다.

올바른 대답은 냉정한 마음을 유지하면서 픽업 질문을 하는
것입니다.

좋은 예

45세 여성 "저기서 자살 시도를 한 적 있어요. 진짜 죽으려고 했죠."

질문자   "아! 그런 일이 있었군요. 근데 저기가 어디죠?"

자살을 시도했다는 갑작스러운 고백을 들으면 누구나 놀랄 것입니다. 충격적인 말을 들으면 그대로 놀람을 표현하고 그다음 어디서 무슨 일이 있었는지 물어봅니다.

이 단계에서는 왜 자살을 시도했는지, 살아 있어서 다행이라고 생각하는지, 아직도 죽고 싶은지, 알 수가 없습니다. 대단히 중요한 이야기가 시작되기 직전이기 때문에 절대로 듣는 사람의 주관을 넣으면 안 되는 상황입니다.

이렇게 돌발적으로 잔혹한 이야기가 시작되는 상황에도 듣는 사람이 동요하지 않고 냉정함을 유지하기 위해서는 항상 마음 다스리기를 해야 합니다. 나쁜 예의 '슬픈 일'이라는 말은, 듣는 사람의 감정이기 때문에 그걸 상대방에게 드러내는 건 자신의 이야기를 하는 것과 다를 바 없습니다.

나쁜 예의 대화를 보면 알 수 있듯, 상대방은 듣는 사람의 수용 능력 범위 내에서만 이야기합니다. 대화는 말하는 사람과 듣는 사람의 정보교환으로, 듣는 사람의 이해 범위 내에서만 정보 교환이 이루어지기 때문입니다.

예를 들어 듣는 사람의 수용 능력이 100분의 30인 경우, 말하는 사람은 30까지만 이야기하고 끝냅니다. 100개의 이야기가 눈앞에 있지만 듣는 사람의 수용 능력 부족으로 들을 수 없습니다.

듣는 사람은 수용 능력을 키우기 위해서 항상 마음 다스리기를 열심히 해야 합니다.

POINT 자신의 '수용 능력'을 넘는 이야기는 들을 수 없다.

27

험난한 인생 이야기를
하는 사람을 만났을 때

O

상대방의 기분을
이해하려고 하는
마음을 버린다.

상대방의 기분을
이해하고 다가간다.

자살을 시도했다가 미수로 끝난 45세 여성의 사례에 대해 계속 설명하겠습니다.

그녀는 어릴 때 부모로부터 학대와 방치를 당하며 가족의 기능을 상실한 가정에서 자랐고, 10대에 부모와 인연을 끊었습니다. 16세에 결혼해서 새로운 가족을 만들고 딸을 낳았습니다. 그러나 그로부터 10년 후, 자신의 부모와 인연을 끊은 것처럼 딸에게 모녀 관계를 끊겠다는 말을 들었습니다. 딸의 절연 통보에 그녀는 삶에 대한 의욕을 잃었고, 사회적으로도 낙오되어 결국은 백수인 남자친구와 함께 자살 시도를 했습니다.

둘이서 마지막 점심을 먹었는데, 저는 남자친구도 삶에 대한 의욕이 없을 거라고 생각했어요. 그런데 두려워하며 '다시 일을 찾아서 시작할게'라고 말하더라고요. '오늘 죽을 거니까 그만해'라고 말다툼하던 순간이 선명하게 기억나요.

여성은 그대로 자살을 시도했고 3일 만에 병원 침대에서 눈을 떴습니다. 이야기 도중에 여성 편집자는 눈물을 흘렸는데 아마도 상대방의 슬픔을 이해하는 과정에서 감정이 고조되었을 것입니다.

저마저 없었다면 이야기가 끝까지 진행되지 못했을 것입니다.

감당할 수 없는 절망감으로 인해 자살 시도까지 한 사람을 완벽하게 이해하는 일은 평범한 삶을 사는 사람에게는 불가능한 일입니다. 여성 편집자에게 '상대를 이해하고 싶다'라는 욕망이 있었고, 욕망 버리기가 제대로 이루어지지 않았던 것입니다.

말하는 사람은 의견이나 조언을 원하지 않는다

'모든 사람의 마음을 이해할 수 있다'라는 생각은 오만한 생각입니다.

45세 여성이 말한 내용은 그녀만의 이야기로, 다른 사람이 개입할 수 있는 여지가 없습니다.

말하는 사람은 사실을 말하고 있을 뿐, 듣는 사람에게 의견이나 조언을 구하고 있는 것이 아닙니다.

'도대체 왜?'라는 호기심을 가지고 상대방이 편안한 마음으로 자신의 이야기를 할 수 있도록 분위기를 만들어 주는 데 집중해야 합니다.

    사람은 살아 있는 한 누구나 자신만의 이야기가 있습니다. 듣는 이의 가치관은 그 사람의 성장 환경, 인간관계, 삶 속에서 만들어지는 것으로, 상대방과는 전혀 다릅니다.

    그래서 듣는 사람은 '세상은 내가 모르는 것투성이다'라는 자각이 있어야 합니다. 아무것도 모르면서 '이해하자'라는 마음을 갖게 되면 금세 수용 능력의 한계를 느끼게 되고, 그 상태로 상대방에게 의견이나 조언을 하게 되면 이야기는 더 이상 진행되지 못하고 끝나버립니다.

    말하는 사람의 이야기는 이해하는 것이 아니라 수용하고 공감하며 정보를 공유하는 것으로 충분합니다. 그런 마음으로 임하지 않으면 절대로 상대방의 이야기를 끝까지 들을 수 없습니다.

POINT 이해하는 것이 아니라 수용하는 것이다.

28
수용 능력을 기르기 위한 방법

경청 체험을 최대한
많이 해서 익숙해진다.

복지, 심리학 공부를 한다.

사회복지사를 양성할 때 사회복지사의 행동 규범 '비에스텍 Biestek의 관계형성 7원칙'을 가르칩니다. 그중 하나로 '수용'을 꼽을 수 있습니다.

'수용은 사회복지사가 이용자의 장단점, 성격, 감정을 있는 그대로 인식하고 대하는 것을 말한다. 이 원칙은 이용자의 강점과 한계, 마음이 맞는 특성과 맞지 않는 특성, 긍정적 감정과 부정적 감정, 건설적 혹은 파괴적 태도와 행동을 모두 인정하고 활용하는 것이다.'

수용 항목에 이와 같이 설명되어 있습니다. 그러나 이러한 태도를 가르쳐준다고 해서 쉽게 할 수 있는 일이 아닙니다. '자신의 필터를 통해서 이해한다'는 것을 전제로, '자신의 필터를 최대한 얇게 만든다는 의식'이 현실적 해결책이 될 것입니다.

이 난제를 해결하기 위해서는 제가 제안한 '욕망 버리기'와 '마음의 센터링'이 필요합니다.

경험을 쌓으면 필터가 얇아진다

앞에서 언급한 편집자는 45세 여성의 자살 미수에 관한 이야기를 듣는 도중에 눈물을 흘리고 말았습니다.

편집자에게는 '자살하면 안 된다', '자기 자신에게 상처를 내면 안 된다'라는 필터(주관)가 있었습니다.

편집자는 45세 여성이 자신의 필터에 반하는 행위를 했다고 여긴 것이고, 그래서 눈물을 흘린 것입니다.

필터를 얇게 만들기 위한 첫 번째 처방전은 '경험'입니다.

수용 능력 부족으로 이야기를 들을 수 없게 된 실패 경험을 통해 필터는 점점 더 얇아질 것입니다.

당신에게 '자살은 안 된다. 너무 슬픈 일이다'라는 가치관이 있다고 칩시다.

그런 일을 경험한 사람의 이야기를 끝까지 듣거나 혹은 중간에 끝나버렸더라도 그 이야기에는 분명 새로운 발견이 있습니다.

자살 미수 경험은 흔치 않은 일이지만 자해하는 사람은 정말 많습니다. 그만큼 정신적인 부담을 안고 산다는 뜻입니다.

그러한 배경은 그 사람을 알기 위해서 매우 중요한 요소이므로 최우선으로 들어야 하는 사항입니다.

상대방이 상처받고 있다는 상징적인 증거인 자해에 대해 듣는 것을 비상식적이라고 생각하는 사람도 적지 않습니다.

하지만 그거야말로 주관적인 생각이고 두꺼운 필터입니다.

또 하나, 수용 능력을 높이는 방법으로 '자기 자각'이 사용됩니다.

당신 자각이란 자신을 컨트롤하기 위해서 자신의 가치관을 미리 알아두는 것으로, 몸과 마음의 부담을 줄이는 것을 목적으로 합니다.

예를 들어 '자신에게 상처를 내는 일은 슬픈 것이기 때문에 안 된다'라는 가치관이 자신에게 있다는 것을 미리 자각하고 있으면 그 상황에 맞닥뜨렸을 때 자신을 컨트롤할 수 있습니다. 자신이 무엇에 화를 내고 슬퍼하는지 자각하고 있는 것만으로도 대화의 결과는 달라집니다.

제 이야기를 하는 것이 쑥스러워 공개하고 싶지 않았습니다만, 저는 사립학교에 다녔습니다.

기독교계 학교이다 보니 매일 아침 예배를 드렸고 찬송가를 불렀습니다. 재학 중에는 일본이 버블 경제 시기였기 때문에 나름 축복받은 환경에서 자랐습니다. 지금 생각하면 가치관이나 의식은 매우 협소했습니다. 이른바 세상을 모르는 철부지였던 것입니다.

졸업 후 사회의 아웃사이더로 남성 오락잡지 작가가 되었을 때는 '여성이 몸을 파는 것은 고달픈 일', '자해하는 사람은 불쌍한 사람', '가난한 것은 자기 책임', '여성의 바람이나 불륜은 용서할 수 없다' 등, 꼽자면 끝이 없을 정도로 두꺼운 필터를 가지고 있었습니다.

용케 지금까지 살아왔구나 싶었을 정도로 협소한 가치관이었습니다.

악마의 경청을 익히는 과정에서 다양한 사람의 속마음을 오랫동안 들으면서 내 안에 있는 두꺼운 필터를 하나하나 깨뜨리

말을 못하면 들으면 된다

고 얇게 만들 수 있었습니다. 이는 의식한다고 해서 짧은 시간 안에 가능한 일이 아닙니다.

많은 사람을 상대로 악마의 경청을 실천하고 새로운 깨달음과 마음이 바뀌는 과정을 반복하며, 시간을 들여 필터를 얇게 만들어서 자신의 수용 능력을 높였습니다.

POINT 경청한 경험만큼 수용 능력이 높아지고 삶은 발전한다.

29

상대방이 죽고
싶다고 말할 때

O

왜 죽어?   죽으면 안 돼!

마지막으로 또 하나, '죽음에 익숙해지기'를 추가해서 멘탈을 더 강하게 하고자 합니다.

　지금 살아 있는 사람은 당연히 죽음을 경험한 적이 없는 사람입니다.

　생과 사에 관한 생각, 즉 생사관은 남녀노소, 계층, 직업, 성격을 넘어 사람마다 다릅니다. 비교적 평화로운 세상에서 살고 있는 사람에게 죽는다는 것은 슬픈 일이며, 자살은 최악의 행위라는 인식이 있습니다. 다시 말해, 죽음에 대해 매우 민감하게 생각한다는 것입니다.

　죽음에 대한 과잉 반응은 산업이나 정치를 움직이기도 합니다.

　구체적으로는 과도한 의료나 간병, 신종 코로나바이러스에 대한 과잉 보도 및 정책 등입니다.

　죽음에 대해 익숙지 않고, 죽음이라는 단어나 개념에 민감해지는 것은 악마의 경청에서는 마이너스입니다.

　강한 멘탈을 만들기 위해서 생사관에 대한 '마음 센터링'이 필요합니다.

'죽음'이라는 단어에 과잉 반응하지 않는다

누구나 민감해하는 '죽음'이라는 단어가 상대방의 이야기에서 나왔을 때 듣는 사람은 과잉 반응해서는 안 됩니다. 냉정하게 마음의 센터링을 유지해야 합니다.

사람은 누구나 언젠가 죽습니다. 냉정하게 경청하는 마음 다스리기가 필요합니다.

구체적으로는 '자살은 슬프고 최악의 행위지만 사람에게는 자살할 자유도 있지 않을까?', '오래 사는 것이 과연 진짜 행복한 것일까?', '사람 목숨이 우선이지만, 경제 상황이 나빠지면 자살률이 높아진다'와 같이 한발 물러서서 죽음을 생각하는 자세입니다.

여러분도 악마의 경청을 하다 보면 언젠가 '(상대방이) 죽고 싶다'는 이야기를 듣게 될 겁니다. 정답은 없지만 어떻게 대응했는지 실제로 있었던 상황을 소개하도록 하겠습니다.

오래전, 24살 여성에게 예전부터 가지고 다녔다는 유서를 전달받은 적이 있습니다. 여성의 표정은 진지했습니다.

질문자 "죽고 싶은 거야?"

여성 "정확히는 죽을 수밖에 없다고 말하는 게 맞는 것 같아요. 그
런데 친구랑 여행을 가야 해서 연말까지는 살아 있을 것 같아
요."

질문자 "왜 죽으려고 하는데?"

여성 "살기 싫어져서. 근데 자살을 말리는 사람이 있잖아요? 너무 싫
어요. 나한테 '죽지 않았으면 좋겠어'라고 하는 건 그 사람의
이기심 때문이지, 진짜로 날 위한 게 아니라고 생각해요. 아무
것도 해주지 않으면서 말로만 '죽지 마'라는 사람이 너무 많아
요."

질문자 "죽고 싶다는 생각을 항상 해?"

여성 "항상 생각해요. 나한테는 일상이에요. 사실 지금도 죽고 싶고
어제도 죽고 싶었어요. 그 유서를 쓸 때도 여기서 밤새 고민하
고 망설였어요."

질문자 "무서웠지?"

여성 "정말 무서웠어요."

질문자 "아플 거야."

여성 "그럴 것 같아요."

질문자 "죽겠다는 생각을 그만두면 되지 않아?"

여성 "솔직히 죽고 싶어도 자신이 없어요. 지금까지 수십 번 죽겠다고 생각했지만 도저히 할 수가 없었어요."

여성의 "죽고 싶다"라는 말을 냉정하게 듣고 당장 죽고 싶은 이유를 물었습니다. 죽음에 익숙하지 않으면 냉정함을 잃고 마음의 동요가 생깁니다. 그리고 상대방의 죽고 싶은 마음을 부정하는 잘못된 반응을 보일 가능성이 높습니다.

'무섭다'라는 감정을 공유하고 거기서 경청을 끝냈습니다.

제가 죽음에 익숙해질 수 있었던 것은 이 24살 여성처럼 죽고 싶은 마음이 있는 사람의 이야기를 끝까지 경청했던 경험들과 요양업계를 오랫동안 취재했기 때문입니다.

고령자의 죽음을 가까이서 계속 보다 보면 일일이 죽음을 슬퍼할 수 없습니다.

그저 사람은 태어나고 죽는 것이 당연하다는 사실을 이해한
것입니다.

 **죽음에 익숙해진다.**

사람의 속마음을 끝까지 듣기 위한 11가지 테크닉

듣는 사람은 창조자다

경청은 창조적인 행위이며 악마의 경청 사용자는 크리에이터입니다.

경청이 창조적 행위인 이유는 듣는 사람에 따라 상대방의 이야기가 완전히 달라지기 때문입니다.

여기까지 읽으면서 '듣기 위해서 이렇게까지 한다고?'라고 생각할 수도 있겠지만, 그 사소한 것들 때문에 이야기의 양과 질에 변화가 생기는 것은 분명한 사실입니다.

사람은 모두 다양한 면을 가지고 있습니다. 실제로 같은 사람이라도,

듣는 사람 A는 '가족을 사랑하고 열심히 일하는 부지런한 사람', 듣는 사람 B는 '아이에 대한 애정이 넘치는 자상하고 따뜻한 사람', 듣는 사람 C는 '불륜을 멈추지 못하는 사람' 등 각각의 이미지를 가지고 있을 수도 있습니다. 이런 차이는 흔하게 있는 일이고, 모두 상대방이 한 이야기에서 나온 정보이며 모든 것이 그 사람의 현실입니다.

지금까지 설명한 기술과 듣는 사람의 마음 다스리기는 상대방의 속마음을 최대한 끌어내는 것이 목적이었습니다. A, B, C에게 각기 말한 내용을 한꺼번에 듣는 것이 목표입니다.

A, B, C에게 말한 것이 전부 그 사람의 모습이라면 거기에는 반드시 상관관계가 있습니다.

악마의 경청에서는 그 모습 전체를 밝히는 게 목표입니다.

상대방이 'A+B+C'의 현 상황에 만족하는지, 행복한 가정을 지키기 위해 불륜을 그만두고 싶은지, 또 다른 욕망이 있는지는 본인밖에 모릅니다.

악마의 경청은 제한 시간 90분 만에 상대방의 속마음을 끝까지 끄집어내는 기술입니다.

상대방에게 속마음을 듣고, 상대의 문제나 의문, 현 상황에 대한 답을 이야기 속에서 찾아내는 작업입니다.

마지막 상급편에서는 상대방의 이야기를 끌어내는 경청을 백지에 그림을 그리는 화가나, 원고지에 이야기를 써가는 소설가와 같다고 생각합시다.

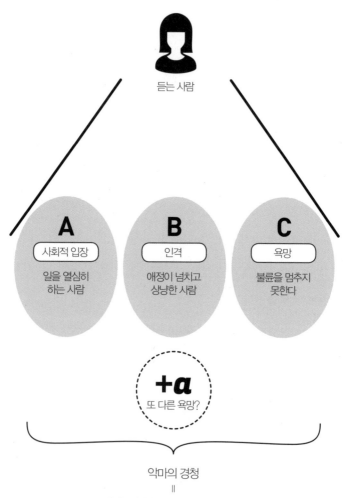

듣는 사람

A	B	C
사회적 입장	인격	욕망
일을 열심히 하는 사람	애정이 넘치고 상냥한 사람	불륜을 멈추지 못한다

+α
또 다른 욕망?

악마의 경청
=
말하는 사람의 전체적인 모습을 밝힌다!

화가나 소설가는 모티브를 작품으로 완성해가지만 악마의 경청에서는 상대방의 말을 통해 이야기를 만듭니다.

상대방이 하는 말은 '자신의 작품'이며, 상대방에게는 문제 해결을 위한 처방전입니다.

이 장에서는 제가 처음 만나는 사람에게 어떻게 다가가는지 실제 사례를 통해 설명하겠습니다. 사례의 주인공은 편집자가 SNS를 통해 알게 된 40대 여성입니다.

제가 실제로 취재한 사람이지만, 여러분은 속마음을 끄집어내고 싶은 상대라고 가정하고 읽기 바랍니다.

테크닉 1

상대방의 비언어 메시지를 느낀다

중년 여성은 잡지의 익명 취재라는 것은 알고 있지만, 저에 대해서는 아무것도 모르는 상태였습니다. 전제 조건은 '초면', '서로 아무것도 모른다', '상대방은 무언가 질문을 받을 거라는 사실은 알고 있다'입니다.

약속 장소는 신주쿠에 있는 카페로, 여성은 약속 시간보다 상당히 늦게 도착했습니다.

아무것도 모르는 초면의 중년 여성이 눈앞에 나타난 때부터 제한 시간 90분 동안 그녀가 하는 말을 토대로 스토리를 만듭니다.

사전 정보나 미리 준비한 질문은 없었습니다. 이름도 나이도 모릅니다.

가게의 자동문이 열리자 여성은 당황한 표정으로 들어왔습니다. 모습이 보이는 순간부터 비언어 메시지 정보를 수집합니다.

(젊고, 복장이나 헤어스타일에 신경을 쓴다)

(약속 시간에 늦어서 미안하게 생각하고 있다)

(웃는 얼굴상이다)

(가방은 명품이 아니다)

(자해 자국은 없다)

(성격이 밝고 사교적으로 보인다)

괄호 안은 여성의 모습을 본 순간 느낀 비언어 메시지입니다.

인사를 하고 자리에 앉을 때까지 30초, 거기서 겉옷을 벗거나 가방을 놓는 시간 1분, 주문을 하는 데 30초 정도 걸릴 겁니다.

2분 동안의 관찰로 '지각해서 미안해하고 있다 + 미소'를 파악했고, 경청을 거절당하지 않을 것을 확신했습니다.

젊어 보이고 복장이나 헤어스타일에 신경을 쓰고 있는 모습에서 타인의 시선을 의식하고 있음을 느낍니다. 밝은 성격에 유창하게 말할 것 같은 느낌이었습니다.

POINT 모습이 보이는 순간부터 비언어 메시지를 수집한다.

출발점을 만들어 상상하는 '이미지 접근법'

상대방은 취재인 것을 알고 있고 무언가 질문받을 것을 알고 있기 때문에, 잡담이나 듣는 사람의 자기소개는 필요 없습니다. 자신에 대한 것은 상대방이 질문할 때만 대답합니다.

아무것도 모르는 상대를 앞에 두고 제로인 상태에서 무언가 만드는 상황을 힘들어하는 사람이 있습니다. 어떻게 해야 할지 모르는 것입니다.

이때는 긴장을 풀고 냉정해질 필요가 있습니다. 마구잡이로 질문하면 시간 축이 뒤섞이고 무엇이 필요하고 무엇이 필요 없는지 구분할 수 없어서 정보를 제대로 수집할 수 없습니다.

가장 먼저 해야 할 일은 이야기를 시작하는 출발점을 만드는 것입니다. 머릿속에 있는 정보를 가지고 새로운 것을 만들어냅니다.

제로 단계에서 출발점을 만들어 점을 선으로 연결하는 '이미지 접근법'을 시도합니다.

이미지 접근법이란, 상대방이 말한 정보를 머릿속에서 조립하고 상상하는 것입니다. 상대방의 이야기를 바탕으로 머릿속에서 그림을 그리는 것과 같습니다.

상대방에게 일문일답식 질문을 던져서 필요한 정보를 수집합니다. 상대방이 어떤 사람인지 알기 위해 기본이 되는 작업입니다.

예를 들어 영화 팸플릿에 실을 등장인물 소개를 쓴다고 상상해보십시오.

주인공이 될 인물이 내 앞에 있고 그 사람에게 일문일답식 질문을 던져서 다섯 줄 정도의 프로필을 쓸 수 있는 정보를 수집합니다. 그것이 출발점이 됩니다.

예를 들어 상대의 직업이 간병인인 경우,

- 실버타운 근무, 대학 졸업 5년째, 급여 적음.
- 혼자 살면서 매월 60만 원의 집세가 들어가기 때문에 생활이 어렵다.

이런 것입니다.

프로필을 듣고 상상하는 것이 '시설에서 바쁘게 일하는 모습'이든 '좁은 집에서의 검소한 생활'이든, 뭐든 괜찮습니다. 머릿속에서 구체적으로 상상하는 장면이 '출발점'이 됩니다.

거기서부터 상대방에게 질문을 합니다. 출발점이 생기면 뭐든 물어볼 것이 떠오를 것입니다.

궁금한 점이나 모르는 것, 상대방에 대한 관심사를 질문을 통해 알아내고 수집된 정보를 바탕으로 머릿속에서 상대방이 주인공인 이야기를 그려갑니다.

경청을 하다 보면 수많은 정보가 들어옵니다. 당신의 머릿속에 있는 상대방의 이야기를 끊임없이 업데이트하는 것입니다.

POINT 상대방이 주인공인 이야기를 이미지화하여 출발점을 만든다.

강도가 강한 말을 끌어내는 '역 가설 접근법'

제가 자주 출발점으로 삼는 것은 상대방의 현재 생활입니다.

여성에 대한 악마의 경청 출발점은 거주지였습니다.

질문자 "어디에 사세요?"

여성 "원래는 가족과 함께 다마단지(1960년대 중반 일본 도쿄 근교에

조성된 신도시. 지금은 노후한 아파트가 밀집하여 낙후된 지역이라는

이미지가 있다 ― 옮긴이)에서 살았는데 지금은 친정집에서 살

고 있어요."

질문자 "가족은 어떻게 되세요?"

여성 "남편과 딸. 딸은 고등학교 3학년 수험생이에요."

질문자 "딸은 사립학교에 다니나요?"

여성 "○○고등학교에 다녀요. 바보들이 모여 있는 도립고등학교예

요. 사립은 비싸서 엄두를 못 내죠."

질문자 "집은 자가인가요?"

여성 "남편도 저도 월급이 적어서 집을 산다는 것은 생각할 수도 없

어요. 오래되고 좁은 임대 아파트예요!"

비언어 메시지로 대화가 어느 정도 진행될 수 있는 타입이라는 것을 알 수 있었기 때문에 바로 '역 가설 접근법'을 사용했습니다.

역 가설 접근이란, 실제와 반대일 것 같은 단어를 의식적으로 사용하여 강도가 강한 말을 끌어내는 기술입니다.

이 상황에서는 '사립', '자가'가 구체적인 단어입니다.

사립도 자가도 아닐 거라고 생각했지만, 일부러 질문에 그 단어를 사용했습니다.

여성에게서 '도립고등학교', '임대 아파트'라는 강한 말이 돌아왔습니다.

역 가설 접근법을 통해 가난하다는 것, 친정집에 얹혀산다는 것, 딸이 공부를 그렇게 잘하지 못한다는 것을 알게 되었습니다.

중요한 시작 질문에서 잔기술인 역 가설 접근법을 사용한 이

말을 못하면 들으면 된다

유는 상대방의 의사소통 능력이 좋았으며 제가 그 기술에 익숙했기 때문입니다.

역 가설 접근법은 상대방이 '이 사람은 아무것도 모르고 정상이 아니다'라고 생각할 수도 있으므로 초심자는 가능한 사용하지 않는 게 좋은 난이도가 높은 테크닉입니다.

POINT 실제와는 반대라고 생각하는 단어를 일부러 사용한다.

머릿속에서 영상화할 수 있을 때까지 듣는
'극장형 이미지 접근법'

'극장형 이미지 접근법'의 장점은 누락되는 정보가 줄어든다는 것입니다.

여성이 집에서 생활하는 모습을 상상할 때 함께 사는 남편의 나이와 직업은 필수입니다. 집이 빌라인지, 아파트인지, 단독주택인지에 따라서도 이미지가 완전히 달라집니다.

질문자 "가족은 사이가 좋습니까?"

여성 "남편하고는 최악이죠, 최악. 그래서 딸을 데리고 친정으로 왔어요."

질문자 "남편은 어떤 일을 하나요?"

여성 "건축 현장에서 일해요."

질문자 "○○ 씨는요?"

여성 "여름까지는 ○○운송에서 배달 일을 했었는데 지금은 이것저것 하고 있어요."

질문자 "남편의 나이는 어떻게 되나요?"

여성 "저보다 7살 많아요."

질문을 통해 정보를 수집하면서 출발점의 이미지를 좀 더 견고하게 만듭니다. 자신이나 비슷한 이미지의 지인, 친구와 겹쳐 상상하면 좀 더 쉬울 것입니다.

이 단계에서 제 머릿속에는 다음의 괄호 안과 같은 영상이 떠올랐습니다.

(오래된 임대 아파트로, 월세는 60만 원이며 방 두 개에 주방. 각자의 방은 없고 세 명이 살기에는 비좁다. 부부 사이는 좋지 않으며 가족 간의 대화는 없고 딸은 항상 불안하고 불편하다. 딸은 평범한 고교생. 부부는 가끔 부부싸움을 하고, 여성은 진심으로 싫은 표정으로 남편을 노려보고 있다. 웃음기가 없는 가정으로 아침에 남편은 작업복이나 추리닝 차림으로 마지못해 현관문을 나선다.)

여성의 집은 제 집에서 가까운 임대 아파트로 3인 가족이 살기에는 비좁아서 가난한 이미지가 떠오르는 집입니다.

이 이미지는 기준이 되기 때문에 가급적 구체적인 것이 좋습니다.

그러나 너무 세세하게 묻다 보면 끝이 없습니다. 어느 정도 이미지가 완성되었을 때 그것을 이야기의 '출발점'으로 합니다.

제로 상태에서는 무엇을 질문해야 할지 모를 수도 있지만 출발점이 생기면 그것을 기준으로 얼마든지 질문할 수 있습니다.

어떤 생활을 하고, 무엇을 생각하며, 매일 무엇을 하는지 중년 여성의 이야기가 펼쳐집니다.

POINT 머릿속에서 영상화할 수 있을 때까지 듣는다.

말을 못하면 들으면 된다

상대방이 말한 키워드에 주목하는 '키워드형 접근법'(추천)

이야기 중심에 출발점이 되는 생활이 있고, 적어도 여성은 현재의 생활에 불만을 품고 있었습니다. 그녀의 가난과 불만의 정체를 파악하는 것을 이야기의 골인 지점으로 하겠습니다.

이미지 접근법의 구체적인 방법에는 몇 가지 종류가 있습니다. 그중에서 제가 여성에게 사용한 방법은 '키워드형 접근법'입니다.

현재의 생활을 이야기의 출발점으로 삼고 상대방이 말한 키워드를 주변에 배치합니다.

이야기를 시작한 지 아직 5분도 지나지 않았지만 '남편과의 관계는 최악이다', '딸을 데리고 친정에서 살고 있다', '가난하다' 등의 키워드가 이야기에서 나왔습니다.

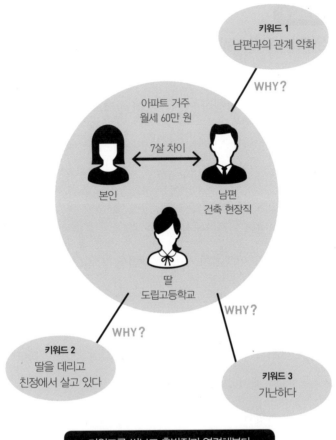

아파트 거주
월세 60만 원

본인

← 7살 차이 →

남편
건축 현장직

키워드 1
남편과의 관계 악화

WHY?

딸
도립고등학교

키워드 2
딸을 데리고
친정에서 살고 있다

WHY?

WHY?

키워드 3
가난하다

키워드를 써보고 출발점과 연결해본다

출발점인 현재의 생활을 중심으로 '남편과의 관계는 최악',
'딸을 데리고 친정에서 산다', '가난하다'와 여성 본인의 경력이나 과거를 점으로 둘러싸듯이 주위에 배치합니다.

키워드형 접근법은 형식에 구애받지 않고 듣는 사람이 중요하다고 생각한 것을 듣고 싶을 때 들을 수 있다는 것이 장점입니다.

여성은 오래되고 좁은 아파트에 살면서 남편이나 딸과 대화를 하거나 일을 하면서 살고 있습니다. 출발점의 이미지를 키우고 이야기를 진행하기 위해서는 더 많은 정보가 필요합니다. 여성의 이야기에 따라 정보를 확보하고 점과 점을 선으로 연결해 갑니다. 퍼즐과 같은 것입니다.

POINT 상대방이 말한 키워드에서 'WHY?'를 끌어낸다.

현재에서 과거로 거슬러 올라가 물어보는
'역 라이프 히스토리형 접근법'

저는 사용하지 않지만 사회학에서 많이 쓰는 방법이 '라이프 히스토리형 접근법'입니다.

태어나서 지금까지의 인생을 차례로 물어보는 방식으로, 이야기의 출발점은 '어린 시절의 상대방'입니다. 현재의 생활이 아니라 어디 출신인지, 어떤 부모인지, 어떤 아이였는지로 출발점을 만들 것입니다. 골인 지점은 현재의 모습(나이)입니다.

라이프 히스토리형 접근법은 자서전 만들기나 연구, 또는 삶의 역사가 짧은 젊은이 등에게 효과적이지만, 시간이 오래 걸리고 필요 없는 정보가 많아지며, 말하는 사람과 듣는 사람의 동기 부여 유지가 어려운 것이 문제입니다.

상대방과의 대화에서 중요한 정보는 초반에 들어 있는 경우가 대부분입니다. 그 이유는 듣는 사람은 자신이 듣고 싶은 것을 빨리 듣고 싶고, 말하고 싶은 사람도 자신이 하고 싶은 말을 빨리하고 싶기 때문입니다.

라이프 히스토리형 접근법의 형식적인 틀에 갇히게 되면 이야기에 제한이 생기게 됩니다. 그렇게 되면 말하는 사람은 자연스러운 태도를 잃게 되고 깊이 있는 이야기를 하기 힘들어집니다. 그러나 같은 이유로 본인이 잊고 있었던 이야기가 나올 가능성이 있어서 일장일단이 있습니다.

현재에서 과거로 거슬러 올라가는 '역 라이프 히스토리형 접근법'도 있습니다. 말하는 사람이나 듣는 사람 모두에게 시간을 축으로 물어보는 것이 쉽다 보니, 중요한 정보가 더 많은 현재부터 말하는 역 라이프 히스토리형 접근법은 상당히 효과적입니다. 저 역시 키워드형 접근법을 기준으로 현재에서 과거로 거슬러 올라가는 방법을 가끔 사용합니다.

POINT 현재에서 과거로 거슬러 올라가며 듣는 것도 효과적이다.

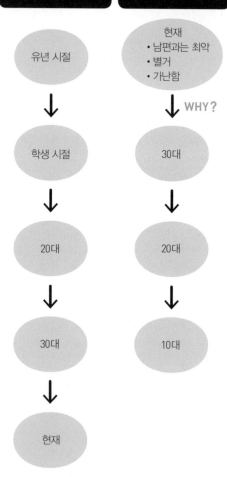

경제 상황을 바탕으로 상대방을 이해하는 '재정 접근법'

출발점을 만들었으니 한 가지 더 준비할 것이 있습니다.

여성의 이야기에 7살 많은 남편이 깊게 관여할 것 같은 예감이 들었습니다. 출발점의 정보를 더욱 견고히 하기 위해 개인이 아닌 가족의 경제 상황을 물었습니다.

여성이 가정과 자신을 가난하다고 생각한다는 건 알 수 있었지만, 구체적으로 어느 정도 가난한지는 알 수 없었습니다. 듣는 사람이 상대방에 대해 알고 싶어 하는 악마의 경청에서는 수입에 관해 질문하면 어렵지 않게 대답을 들을 수 있습니다.

- 수입 – 남편의 월급 : 세후 260만 원+여성의 아르바이트비 : 60만 원 =320만 원

- 지출 – 월세 60만 원+광열비, 식비, 가족 각 구성원의 소비 250만 원 =310만 원

대략 이런 내역이었습니다. 저축할 돈이 없습니다.

저축도 없고, 빚도 없는 대신 걱정할 만한 큰 낭비도 없습니다.

가난함의 지표인 '상대적 빈곤'의 기준이 되는 가처분소득(가족 3명이 쓸 수 있는 돈)이 170만 원 정도였습니다.

가정은 일반적인 중산층으로, 가계 경제에는 문제가 없었습니다. 무언가 불만이나 문제가 있다고 하면, 적은 수입이 아닐 가능성이 커졌습니다.

'재정 접근법'에서는 이 여성의 가정을 예로 들자면 남편이 무직이거나 도박에 빠져 있거나, 본인의 사치 등으로 인해 수입이 제로에 가까울 때 이상을 감지합니다.

이 경우 남편의 수입이 없다고 가정하면 실질 수입은 아르바이트비 60만 원뿐입니다.

근로소득이 월세로 사라져버리기 때문에 당연히 생활이 힘들수밖에 없습니다. 그런 상황이라면 돈을 더 빌리거나 자녀에게 아르바이트를 시키거나 자녀의 장학금으로 생활비를 충당하는 등, 필요한 돈을 맞추기 위해서 무언가 비정상적인 행위를 해야 합니다.

재정 접근법에서 출발점의 이미지와 수입·지출이 현저하게 맞지 않을 때는 구체적인 수입과 지출을 들어보고 이미지를 수정하거나 이상을 감지하는 것이 중요합니다.

이 사례는 가난하지 않기 때문에 출발점 이미지에서 가난한 가정이라는 정보를 삭제했습니다. 돈 문제는 가장 큰 키워드이기 때문에 위화감이 느껴진다면 납득할 수 있을 때까지 물어보는 과정이 필요합니다.

POINT 수입과 지출을 통해 생활을 예측한다.

테크닉 8

이유를 깊이 파고드는 '딥 드릴 접근법'

출발점 만들기의 질문에서 '지금은 딸을 데리고 친정에서 살고 있다', '남편과의 관계는 최악'이라는 중요한 정보가 나왔습니다.

제2부 실천편 '상대방이 정신질환을 고백했다'(106쪽)에서 설명한 것처럼, 상대방이 말한 중요한 키워드의 '이유'를 찾습니다.

재정 접근법이 끝난 단계에서 키워드의 이유를 찾기 위한 '딥 드릴 접근법'으로 넘어갑니다.

조심해야 할 것은 '딸을 데리고 친정에서 살고 있다'라는 현재 생활과 '남편과의 관계는 최악'이라는 부부에 관한 두 개의 키워드 영역이 서로 다르다는 것입니다.

친정에서 살고 있다는 것은 현재의 일이고 남편과의 관계가 최악인 것은 몇 년 전부터 계속되고 있을 가능성이 있습니다.

중요 키워드에서 이유를 찾을 때, 시간 축이나 질문 영역이

말을 못하면 들으면 된다

제각각이면 상대방도 듣는 사람도 헷갈리게 됩니다.

　키워드가 여러 개일 때는 하나씩 정리합니다.

　먼저 왜 친정으로 돌아갔는지 물어봅니다. 앞에서 리듬이 깨지기 때문에 메모는 하지 않는다고 했는데, 키워드를 잊어버리면 곤란하므로 한두 개 정도는 메모합니다.

질문자　왜 친정에서 살고 있나요?

여성　"결혼하고 나서 제 몸이 망가졌어요. 결국 수술을 받았고요. 계속 참고 있었는데 남편과 함께 있고 싶지 않아서 몸 때문에 요양이 필요하다고 말하고 친정으로 들어갔어요. 빈둥대며 뻗대고 있는 느낌이에요. 남편은 생리적으로 싫어서 함께 있고 싶지 않아요."

질문자　생리적으로 싫다니 대단하네요.

여성　"이렇게 싫은 사람과 같이 산 지 벌써 18년째예요. 아이가 생겨서 결혼했는데 싫은 것들은 계속 쌓이잖아요? 비협조적이고 정말 무신경해요. 몸이 안 좋아서 누워 있는데 자기는 일하기 싫으니까 저한테 일하라고 하더라고요. 사람이 말과 행동에 영혼이 없어요. 그런 일들이 겹쳤고, 요양이라는 계기도 있고 해서 딸을 데리고 집을 나왔어요."

질문자　"딸은 수험생인데 집을 나왔군요. 힘들겠네요."

여성　"딸이 대학 입시를 치른다고 했을 때도 '대학을 갈 필요가 있나?'라고 생각했어요. 딸이 진지하게 대학에 가고 싶다고 얘기하는데 돈이 없으니까 가지 말라고 할 수는 없잖아요. 제가 열심히 버는 수밖에 없죠. 근데 남편은 '네 머리로 대학을 갈 수 있겠어?'라고 심한 말을 하곤 했어요. 물론 부부 사이가 좋은게 아이를 위해서 좋다는 건 알지만 남편 얼굴만 봐도 몸서리가 쳐질 정도로 싫었어요."

친정으로 돌아온 것과 남편에 대한 혐오가 바로 연결이 되었습니다. 처음과 비교해서 여성의 말이 늘었다는 생각이 드시지 않나요?

재정 접근법에서 여성은 '가정 사정이나 여성 자신에 대해 자

　　　　　　　　　　　말을 못하면 들으면 된다

세하게 듣고 싶어 하는' 듣는 사람의 의도를 짐작했을 것입니다.

본인이 편안해진 상태에서 의도가 파악되고 리스크가 없다고 판단되면 자연스럽게 말이 길어집니다.

정보가 늘어나 구체성을 띠기 시작했습니다. 여성은 타인과의 의사소통에 익숙하기도 해서 금세 자기 이야기를 하기 시작했습니다. 여성의 비언어 메시지에서 느낀 인상 그대로였습니다.

남편이 생리적으로 받아들여지지 않을 정도로 싫어졌고, 그 혐오감으로 몸이 떨릴 정도였습니다.

여기서 새로운 의문이 생깁니다. '왜 그렇게 싫은 남자랑 결혼했을까?'

남편이 싫은 현재 상황을 공감하고 이야기에 틈이 생기면 질문을 던집니다.

질문자　"아이가 생겨서 한 결혼이라고 하셨는데 왜 결혼했나요?"

여성　"아이가 생겨서 어쩔 수 없이 결혼한 거예요. 확실히 말해서 좋아했던 적은 한 번도 없었어요. 만난 건 제가 태닝숍에서 아르바이트를 하고 있을 때 남편이 손님으로 왔었어요. 제 나이가 23살이었는데, 남편한테 헌팅을 당했어요. 그때 남편이 타고 있던 차가 미국 차였는데 그게 좀 멋있어서, '잠깐 만나도 좋겠다'라고 생각해서 만났어요."

질문자 "미국 차가 유행하던 시대였군요."

여성 "남편은 원래부터 멍청해서 말이 전혀 통하지 않았어요. 머리가 너무 안 좋아서 헤어지려고 하는 중에 임신해버렸어요. 헌팅으로 만난 전혀 모르는 사람과 이렇게 오래 살고 있는 자신이 대단할 정도예요. 헌팅을 당했던 순간부터 '이 사람에게는 미래가 없다'라고 생각했지만, 함께 살기로 각오한 이상 열심히 사는 수밖에 없다고 생각했어요."

질문자 "아이는 왜 낳았어요?"

여성 "그전에도 아이를 뗀 적이 있었어요. 의사가 두 번 연속으로 유산하면 다음에 아이가 생기기 어렵다고 해서 어쩔 수 없이 낳게 된 것 같아요. 결혼한 18년 동안 '남편이 좋다'고 생각한 적

말을 못하면 들으면 된다

은 한 번도 없었어요. 그냥 그 미국 차가 타고 싶어서 헌팅에 응했을 뿐이었는데……. 그런데 사람이라는 게 아이를 낳으면 열심히 살게 되더라고요. 18년이나 함께 산 걸 보면."

남편이 왜 그렇게 싫은지 의문이었는데 여기까지 설명을 들으니 납득이 됐습니다.

만났던 순간부터 좋아하지 않았으며, 사귈 때도 멍청해 말도 통하지 않아 더 싫어졌으나, 그게 악화된 채 현재까지 이어지고 있었습니다.

정말로 임신해서 어쩔 수 없이 결혼한 것뿐이었습니다. 싫어하는 사람과 같이 산다는 것은 고통스러운 일이었고 여성이 수입도 많지 않은 남편과 오랫동안 같이 산 것은 오로지 딸 때문이었습니다. 남편에 대한 혐오와 험담이 나오는 것도 이해가 됐습니다.

딸을 데리고 친정으로 돌아갔다.

↓ (WHY?)

남편이 생리적으로 싫다.

↓ (WHY?)

미국 차에 낚여서 헌팅에 응했을 뿐이다.

↓ (WHY?)

임신을 해서 어쩔 수 없이 결혼했다.

딥 드릴 접근법으로 'WHY?'에 대한 답을 계속 끌어내다 보니 출발점의 이미지에 맞는 차가운 가족의 정체가 점점 명확해졌습니다.

POINT 이유가 무엇인지 더 깊이 파고든다.

연애 성향을 통해 인격을 파악하는 '연애 접근법'

연애 경험을 들으면 상대방의 윤곽이 보입니다.

의외로 간단한데, "남편(부인)을 만나기 전에 어떤 사람과 만났어요?"와 같이 현재나 과거의 연애에 대해 질문하면 됩니다.

여성은 도쿄 출신, 40대 초반입니다. 태닝숍에서 아르바이트할 때 미국 차를 좋아하는 남편에게 헌팅을 당해 만나게 되었습니다. 이를 통해 여성이 젊었을 때 어떤 사람이었는지 상상이 갑니다. 과거의 연애 이야기를 듣기 위해 대화를 이어 나갑니다.

질문자 "혹시 갸루(90년대 일본에서 유행한 특유의 화장을 한 젊은 여성들을 가리키는 말)였나요?"

여성 "엄청난 갸루였죠. 시부야에서 주로 놀았어요. 태닝숍에서 일했던 것도 피부를 검게 태우고 싶어서였어요. 완전 까맣게 태웠었는데 임신을 해서 그만뒀어요. 갸루 시절에는 구두약 같은 걸 얼굴에 바르고 다닐 정도였어요."

질문자 "고등학교는 졸업했나요?"

여성 "중퇴, 퇴학당했어요. 1학년을 두 번 다녔어요. 강이 근처에 있
었는데 날이 좋으면 강변에서 천연 선탠을 즐겼죠. 돈도 들지
않아서 매일 수업을 빠지고 선탠을 하다 보니 수업 일수가 부
족해서 퇴학당했죠. 친구들도 모두 퇴학."

질문자 "천연 선탠은 처음 들어보네요."

여성 "바보들이 다니는 고등학교였어요. 갸루하고 불량 학생, 아니
면 기분 나쁠 정도로 숙맥인 애들이 다녔어요. 점심시간에 동
물들을 괴롭히고 다치처 공원에서 아무렇지도 않게 섹스를 하
기도 하고……. 지금처럼 CCTV가 많지도 않고 해서 저도 엄
청나게 놀고 다녔던 것 같아요. 남자친구는 끊인 적이 없었어
요."

여성이 시부야에서 갸루 화장을 하고 놀았던 때는 90년대 후
반이었습니다.

젊은이들의 기세와 에너지가 대단했던 시절입니다. '지금 즐

거우면 된다'라는 찰나적인 사고가 젊은이들을 지배하고 있던 때였습니다.

여성도 그런 분위기 속에서 연애나 성에 대해 자유분방한 사고를 가지게 되었고, 분위기에 취해 여러 남자들과 사귀었지만 결국 생리적으로 싫고 미래가 없어 보이는 남자와 아이가 생겨서 결혼하고 말았습니다.

이 이야기만으로 왠지 상상이 갔기 때문에 과거 연애에 대해서는 더 이상 자세히 듣지 않았습니다.

연애 상대는 그때의 '자기 자신을 비추는 거울이다'라는 생각을 가지고, 말하는 사람의 성향을 파악합니다.

연애 성향으로 상대방이 어떤 사람이었는지, 당시 상황이 어땠는지를 알 수 있습니다.

과거나 현재의 연애 이야기를 통해 어떤 가능성이 있는지 대략적으로 살펴보도록 하겠습니다. 어디까지나 모두가 여기에 들어맞는 것은 아닌 '성향'과 '가능성'입니다.

연애 상대로부터 예측할 수 있는 성향

- 고등학교나 대학교 동창 → 충실한 학교생활을 했다. 일반적이고 사회성이 있다.

- 사내 동료나 선후배 → 조직의 일원으로 생업이 있다. 새로운 만남이 없다. 인간관계가 좁다.

- 친구의 소개 → 공동체가 있다. 고독·고립은 되지 않는다.

- 유흥업 종사자 → 과도한 소비 가능성. 외로움을 많이 느낀다.

- 불륜 → 불만이나 불안, 망설임을 안고 살 가능성이 높다.

- 심하게 속박된 관계 → 남의 시선을 과도하게 의식한다. 정신적이나 성장 배경에 문제가 있을 가능성이 높다.

이처럼 연애 성향을 통해 그 사람의 가능성을 예측합니다.

갸루였던 여성은 남자친구가 끊인 적이 없었습니다. 아이가 생겨 결혼을 했고 몇 년 동안 육아에 전념했습니다. 아무리 함께 살아도 남편이 좋아지지 않았기 때문에 아르바이트로 일했던 운송회사에서 수년간 불륜 관계를 지속했습니다.

불륜이 여성의 삶에 상처를 준 것 같지는 않았기 때문에 과거의 불륜을 키워드로 삼지는 않았습니다.

10대 때 갸루였던 이유를 묻자 친정어머니와의 관계에 대해
이야기했습니다.

질문자　"갸루를 하다 고등학교 퇴학을 당했는데, 부모님은 뭐라고 하
　　　　셨나요?"

여성　"우리 집은 편모가정이에요. 엄마는 인생을 대충 사는 사람이
　　　　었고, 정말 싫었어요. 항상 돈이 없어서 저는 고등학교 때부터
　　　　아르바이트를 해서 핸드폰 요금도 냈고, 용돈도 썼어요. 지금
　　　　도 생활비를 주곤 해요. 엄마는 완전 자기중심적인 사람이에
　　　　요."

질문자　"돈도 없는데 엄마한테 돈을 주나요?"

여성　"그럼요. 엄마는 코로나 때문에 아르바이트 일자리를 잃었어요.
　　　　수입이 제로라서 얹혀사는 저한테 광열비랑 핸드폰 요금 그리
　　　　고 식비도 내라고 하더라고요."

가구 수입에는 문제가 없는데 돈이 없다고 한탄하던 첫 장면
으로 연결됩니다.

어머니가 요구한 돈은 매월 90만 원이었다고 합니다. 어머니에게 주는 돈 이야기를 할 때 여성의 표정은 어두웠습니다.

아직 해결되지 않은 현재진행형 문제인 것 같았습니다.

POINT 연애 상대는 그 사람을 비추는 거울이다.

상대방의 상황을 예측하여 이야기를
끌어내는 '가설 접근법'

여성은 작년 여름에 건강이 악화돼 아르바이트를 그만뒀습니다. 아르바이트에 관한 이야기도 들었는데, 최저임금에 가까운 시급으로 힘든 노동을 강요당했다고 했습니다. 현재는 여러 가지 일을 하고 있다고만 말하고 명확히 어떤 일을 하는지는 말을 흐렸습니다.

여기서 이야기를 끌어내기 위해 사용한 방법은 한 발짝 앞서 나가는 '가설 접근법'이었습니다.

출발점을 만들어 상대방의 이야기를 들으면서 이미지를 구체화하다 보면 아직 말하지 않은 것에 대한 가설이 생기곤 합니다.

질문자 "그러고 보니, 어제 만난 유흥업소에서 일하는 여성도 코로나 때문에 힘들다고 하더군요. 어머니가 일이 없어져서 안 됐네요."

어머니가 코로나로 인해 일이 없어졌다던 여성의 말을 가지고 와서 혼잣말처럼 중얼거렸습니다.

이 혼잣말에는 의미가 있습니다. 물론 여성에게 들렸습니다.

'어제 만난 유흥업소에서 일하는 여성도 코로나 때문에 힘들다'라는 말은 저의 자기 공개입니다.

'유흥업에 대한 이해가 있다, 숨길 필요가 없다'라는 메시지를 여성에게 알린 것입니다.

가능성을 예측하고 그 말을 상대방에게 끌어내는 것이 '가설 접근법'입니다.

대화의 기술을 이야기할 때 흔히 '상대방에게 신뢰받기 위해 먼저 자신을 공개해야 한다'고 말합니다. 악마의 경청에서는 '자신의 이야기는 하지 않는다'라는 기준이 있기 때문에 이 방법은 부정적입니다.

혼잣말로 "어제 만난 유흥업소에서 일하는 여성도 코로나 때문에 힘들다"라고 말한 이유는, '유흥업을 안 좋게 생각하지 않

말을 못하면 들으면 된다

는다'라는 생각을 간접적으로 전달하기 위한 자기 공개입니다.

　여기서 더 직접적으로 설명해버리면 어렵게 끌어낸 이야기가 멈추게 됩니다. 그래서 메시지를 살짝 흘려서 말한 것입니다.

　이것은 역 가설 접근법처럼 어려운 기술입니다.

　어렵다면 익숙해질 때까지는 어디서 일하는지 단도직입적으로 물어보는 것도 나쁘지 않습니다.

　여성의 이야기는 이제 마지막을 향해 가고 있습니다. 혼잣말 직후 여성이 현재 하고 있는 일에 대해 들을 수 있었습니다.

질문자　"지금은 무슨 일을 하고 있나요?"

여성　"미시들이 있는 술집에서 잠깐 일했어요. 그런데 나한테 안 맞더라고요. '술집 일이 맞을 것 같다'라는 말을 자주 듣곤 했지만 별로였어요. 싫은 타입의 사람이 옆에 앉으면 말을 못 하겠더라고요. 물론 노력은 했죠."

질문자　"아재들의 자기 자랑은 들어주기 힘들죠."

여성　"맞아요. 재미없는 이야기를 하는 아재들은 때려주고 싶을 정

도예요. 그런데 일이니까 들어줘야 하잖아요. 그게 정말로 힘

들더라고요. 아재들의 이야기가 너무 재미없고 짜증 나서 집

에 가는 전철에서 운 적도 있어요."

대학에 가고 싶다는 딸의 바람을 이뤄주고 싶은 것과 어머

니의 거절할 수 없는 금전 요구 때문에 그런 선택을 했다고

합니다.

대학 진학을 위해서는 첫해에만 1,000만 원 이상 필요합니

다. 남편과는 관계가 파탄 나버렸기 때문에 이야기를 못 하겠

고, 게다가 남편은 딸의 대학 진학에 대해 전혀 관심이 없다고

했습니다.

현재의 출발점에서 남편과의 관계, 어머니나 딸과의 관계, 과

거, 돈에 쪼들리고 있는 상황, 그리고 그 문제를 해결하기 위한

일, 이야기는 완성되었습니다. 시간은 80분 정도 걸렸습니다.

①상대의 비언어 메시지를 느낀다 ②이미지 접근법 ③역 가

설 접근법 ④극장형 이미지 접근법 ⑤키워드형 접근법 ⑥역 라

이프 히스토리형 접근법 ⑦재정 접근법 ⑧딥 드릴 접근법 ⑨연애 접근법 ⑩가설 접근법

대화의 흐름에 맞춰 방법을 사용하여 속마음을 끌어냈습니다.

예측과 반대의 단어를 의도적으로 사용하여 강한 말을 끌어내는 '역 가설 접근법', 이야기를 미리 읽어내서 상대방의 말을 끌어내는 '가설 접근법'은 상급 기술이지만, 그 이외에는 바로 사용할 수 있는 방법들입니다.

POINT '혹시'를 예측하여 이야기 끌어낸다.

환경에서 이야기를 끌어내는 '무빙 접근법'

마지막으로 환경에서 이야기를 끌어내는 '무빙 접근법'에 대해 설명하도록 하겠습니다.

제2부 실천편에서 상대의 영역으로 들어가야만 좀 더 깊은 이야기를 들을 수 있다고 말했습니다.

'무빙 접근법'이란 생활하는 집이나 지역, 태어난 고향 등 상대와 가까운 장소로 이동하여 환경을 모티브로 이야기를 끌어내는 방법입니다.

'무빙 접근법'이 적중했던 예를 들어보겠습니다.

상대방은 유흥업소를 전전하며 살아온 30대 후반의 여성입니다.

이야기를 듣던 중에 가족이나 어렸을 때 살던 동네에 키워드가 있다는 것을 알게 되었습니다. 이때 우연히 차로 이동하고 있었고 차로 20분 정도 가면 동네가 있었습니다. 여성과 함께 가보기로 했습니다.

당시 여성이 살던 아파트는 오래되어 낡았지만 아직 누군가 살고 있었습니다. 여성은 아파트를 보자마자 감정적이 되었습니다. 여성의 이야기는 출판된 책에 실려 있어서 여기에 발췌하겠습니다.

"언니에 대한 아버지의 성적 학대가 들통나서 제가 9살 때 부모님이 헤어졌어요. 그런데 2년 만에 다시 합쳤죠. 엄마는 '그래도 아버지가 있는 게 애들한테 좋다'라는 핑계를 대긴 했지만 사실은 그냥 자신이 필요했을 뿐이에요. 그 망할 놈을 떠나지 못하는 거죠. 저는 '그게 무슨 소리야! 미친 짓 좀 그만해!'라고 생각했지만, 아이의 의견 따위는 통할 리가 없었고 결국 함께 살게 되었죠. 사이타마에 살다가 이곳으로 다시 돌아왔는데 정말 죽고 싶고 지옥 같은 나날이었어요."

— 《이름 없는 여자들》 중에서

여성은 사이타마의 집에서 개를 키웠습니다. 아버지는 돌아오자마자 개가 있는 것을 보고 보건소로 데려가 안락사를 시켜버렸습니다. 여성은 아직도 그 일이 기억에 생생하며 원한이 맺혔다고 했습니다.

여성과 그 동네에 간 것은 평일 심야였고 아파트는 한적한 주택가에 있었습니다.

아버지에게 큰 문제가 있다는 것은 이미 말했지만, 실제로 살던 아파트를 보자 이야기가 꼬리에 꼬리를 물고 쏟아졌습니다.

검은 원한 덩어리를 토해내듯 듣기에도 끔찍한 이야기들을 들려줬습니다. 당시 저는 어떻게 대응해야 할지 몰랐습니다. 부정적인 감정이 가득 쌓여 있는 아파트에서 벗어나야 할 것 같아서 여성에게 "이제 돌아가자"라고 말했습니다. 그리고 돌아오는 차 안에서 이야기는 계속되었습니다.

'무빙 접근법'은 이동하면서 속마음을 듣는 방법으로, 차로 이동하는 동안 결정적인 말을 듣게 되는 경우가 많습니다.

"태어나서 지금까지 추하고 흉한 것만 보고 살았다는 느낌이

들어요. 그래서 적어도 죽기 전에는 예쁜 것을 보고 죽고 싶다는 마음이 있어요. 죽고 싶다는 생각은 아주 오래전부터 했어요. 20년 정도는 된 것 같아요. 예쁜 것을 보면 왠지 죽음이 등을 떠밀고 있다는 생각이 들어요. 지금이 기회다. 이런 느낌."

"사는 게 전부 싫은 것밖에 없지만 그중에서도 특별히 싫은 것은 그 미친 아버지의 피를 물려받은 나. 게다가 빌어먹을 그놈을 너무 많이 닮았다는 거예요. 말하고 싶지 않지만 완전 똑같아요. 이 세상에서 사라지고 싶어요. 그래서 결혼해도 아이는 갖고 싶지 않아요. 그런 놈의 피를 물려받은 아이를 사랑할 자신도 없고 그런 무거운 짐을 짊어지고 살 자신도 없으니까요."
— 《이름 없는 여자들》 중에서

여성은 달리는 차 안에서 속마음을 털어놓았습니다.

고통스러움을 견뎌내며 말하는 여성에게 "그렇군요"라는 말밖에는 할 수가 없었습니다.

운전석과 조수석은 바로 옆이라는 위치 때문에 상대와의 거리가 상당히 가깝습니다. 옆자리는 안심이 되는 위치로, 애정이나 친근감을 표시하는 위치이기도 합니다. 게다가 눈이 마주치지 않는 환경이 말을 끌어내기 쉽습니다.

키워드가 되는 동네를 20여 년 만에 다시 가본 후 여성의 마음이 움직였고, 게다가 심야 시간대, 나란히 앉은 차 안이라는 환경, 이야기가 술술 나올 수 있는 조건이 갖추어져 있었습니다.

이때 제가 타던 차가 경차여서 거리감은 더욱 가까웠고, 고급스러움이라고는 전혀 없는 환경이 오히려 이야기하기 쉬운 분위기를 만들었는지도 모르겠습니다.

여성은 뼛속 깊이 싫어하는 아버지와 자신이 쏙 빼닮았다는 것과 피가 연결되어 있다는 것에 진심으로 절망하고 있었습니다. 그리고 항상 죽음을 생각하고 있는 것 같았습니다. 지극히 암울한 상황이었습니다.

여성의 상황을 이해하고 나니 더 이상 아무 말도 할 수 없었습니다. 저의 수용 능력 한계였던 것입니다.

말을 못하면 들으면 된다

이야기를 좀 더 쉽게 할 수 있는 분위기가 만들어지는 차 안에서의 '무빙 접근법'은 한발 더 나아간 이야기를 들을 수 있습니다.

차 안에서는 방향성이 밝든 어둡든 이야기가 깊어지는 편입니다. 상대방에 대해 더 알고 싶고, 더 듣고 싶은 사람은 적극적으로 시도해볼 만한 방법이라고 생각합니다.

이 사례에서는 이야기가 부정적으로 치달았지만, 그 반대의 상황도 일어날 수 있습니다.

POINT 차 안은 결정적인 속마음을 털어놓기 좋은 장소다.

맺음말

낯가림이 심해 의사소통에 어려움을 겪는 사람이 이 글을 읽을 거라고 가정하고 여기까지 썼습니다. 서서히 인간관계가 좋아질 거란 희망이 생기지 않으십니까?

항상 상대방에게 다가서는 '듣는 대화'를 의식하면서 지금이다 싶을 때 악마의 경청으로 속마음을 끌어내도록 하십시오.

악마의 경청을 실천하면 인간관계가 달라집니다.

사람들과의 관계가 돈독해지는 장점도 있고, 알고 싶지 않았던 현실을 알게 되거나 상대방에 대한 마음이 변화하는 단점도 있습니다.

말을 못하면 들으면 된다

인간관계에 변화가 일어나는 위험한 기술이기 때문에 오래전부터 좋은 관계를 맺고 있는 친구나 지인을 상대로 악마의 경청은 절대 사용하지 않습니다.

그러나 그러한 부작용을 감안하더라도 자신이 궁금하고 신경쓰일 때 상대의 속마음을 알 수 있다는 커다란 장점이 있습니다.

마지막으로 여기서 얼마 전 악마의 경청을 사용한 일화를 얘기해볼까 합니다. 우연히 알게 된 여성(32세)과 온라인에서 이야기할 기회가 있었습니다. 이름은 안리(가명) 씨라고 하겠습니다.

안리 씨는 연예계에서 일하고 있습니다. 어느 이벤트에서 알게 된 여성으로, 친구도, 연인도, 일 관계자도 아닌 단순한 지인입니다. 이 책 본문을 다 쓴 직후였고, 좋은 기회라 생각하여 악마의 경청을 해보기로 했습니다.

어느 날 밤 10시에 대화를 시작해 다음 날 새벽 4시에 대화를 끝냈습니다. 무려 6시간 동안 그녀의 이야기는 계속되었고, 듣다가 쓰러질 정도로 지치고 말았습니다.

악마의 경청은 결코 즐거운 시간이 아닙니다. 상대방의 말에 집중해야 하기 때문에 체력과 정신력이 엄청나게 필요합니다. 예상을 뛰어넘는 대장정이었습니다.

근황부터 시작해서 잠시 후 연애, 남자친구에 대한 불안과 불만. 새로운 도전, 모두에게 비밀이었던 아르바이트 경험, 선호하는 남성상, 결혼관, 부모님의 일, 지병, 미래에 대한 불안 등 지극히 사적인 이야기가 계속 쏟아졌습니다.

이야기의 비중은 안리 씨가 80퍼센트, 제가 20퍼센트였습니다. 하지만 대화의 주도권은 계속해서 제가 쥐고 있었습니다.

그럴 수 있었던 것은 기술을 모두 사용해 안리 씨가 말하는 방향을 컨트롤했기 때문입니다. 결과적으로 그 대화로 인해 인간관계가 크게 바뀌었습니다. 아마도 현재 그녀는 저를 무척이나 신뢰하고 있을 것입니다.

*

이 책은 제가 논픽션 작가로 오래 경험하며 만들어낸 경청의

말을 못하면 들으면 된다

기술을 담고 있습니다.

경청은 모든 상황에 활용할 수 있기 때문에 의사소통에 관한 고민을 안고 있는 사람부터 회식이나 소개팅, 연애, 기업에서의 1on1 미팅, 복지 현장에서의 상담 및 평가 등에 활용할 수 있도록 집필했습니다.

특히 제1부 기초편은 바로 결과가 나오기 때문에, 이성을 사귀고 싶지만 계속 실패했던 사람이 여러 번 읽고 이해한 후 실천해보면 좋은 결과를 얻을 수 있을 겁니다.

현역 작가와 편집자, 또 그 길에 뜻을 두고 있는 분들이 악마의 경청을 가장 잘 활용했으면 합니다.

저는 작가로서 수입을 얻게 된 지 20여 년이 지난, 비교적 베테랑 작가에 속합니다.

작가는 회사에 속하지 않고 혼자 하는 일입니다. 학교도 자격도 교과서도 없고 선배 작가와 알게 되더라도 뭔가 가르쳐줄 수 있는 게 없는 직업입니다.

그래서 20여 년이란 시간을 들여 다듬어온 경청이라는 기술을 후배 작가들에게 전달해야겠다는 생각을 했습니다. 그 생각이 이 책을 쓰게 된 동기였습니다.

처음 만나는 사람을 취재하거나 인터뷰하는 상황은 작가에게
는 기사를 만들기 위한 투자이자 빼놓을 수 없는 요소입니다.
상대방이 더 많은 속마음을 말할 수 있도록 악마의 경청을 활용
한다면 현재보다 훨씬 더 충실한 인터뷰와 취재가 이루어질 수
있을 것입니다.

악마의 경청을 활용하여 '원고가 좋아졌다'는 현역 작가가 한
명이라도 늘어날 수 있다면 저의 경험과 노력을 이 책에 담아낸
보람이 있다고 생각합니다.

'말을 못하면 들으면 된다.' 그것만으로도 모든 것이 좋아질
것입니다.

나카무라 아츠히코

'악마의 경청' 요점 복습

1. 부정하지 않는다. 비교하지 않는다. 내 이야기를 하지 않는다.

2. 사람은 말하고 싶은 것을 들어준 사람에게 호감을 느낀다.

3. 욕망과 감정을 의식하면 대화의 범위가 점점 더 넓어진다.

4. '질문→답변→질문→답변'을 통해 이야기를 확장해간다.

5. 첫 질문은 인간관계의 시작이다.

6. 첫 대화에 세 가지 긍정적 요소를 집어넣는다.

7. 상대방이 OFF 모드가 되는 장소로 찾아간다.

8. 장소보다도 상대방의 의욕이 우선이다.

9. 반드시 대각선에 앉는다.

10. 상대방 이야기의 리듬에 맞추는 것이 가장 중요하다.

11. 바로 본론으로 들어가고, 5W1H를 의식하며 대화를 이어나간다

12. 'YES·NO'로 대답이 끝날 수 있는 질문은 하지 않는다.

13. 90분, 한판 승부라고 생각한다.

14. 경청 중에는 자신의 의견을 말하지 않는다.

15. 부정하지 않는다. 조언하지 않는다.

16. 키워드를 놓치지 않는다.

17. 이야기가 주제에서 벗어나면 최대한 빨리 되돌린다.

18. 욕망을 하나로 좁힌다.

19. '어려운 사람을 돕고 싶다'라는 마음도 욕망이라는 것을 알아야 한다.

20. 신뢰는 자신이 바란다고 얻을 수 있는 것이 아니다.

21. '마음의 센터링'을 항상 의식한다.

22. 더 많은 정보를 수집하기 위해서는 어디에도 속하면 안 된다.

23. '누구도 존경하지 않는다'는 마인드를 갖는다.

24. '배움', '성장'과 같은 긍정적인 말을 사용하지 않는다.

25. 항상 '나는 밑바닥이다'라는 마음으로 산다.

26. 자신의 '수용 능력'을 넘는 이야기는 들을 수 없다.

27. 이해하는 것이 아니라 수용하는 것이다.

28. 경청한 경험만큼 수용 능력이 높아지고 삶은 발전한다.

29. 죽음에 익숙해진다.

말을 못하면 들으면 된다

테크닉 1 모습이 보이는 순간부터 비언어 메시지를 수집한다.

테크닉 2 상대방이 주인공인 이야기를 이미지화하여 출발점을 만든다.

테크닉 3 실제와는 반대라고 생각하는 단어를 일부러 사용한다.

테크닉 4 머릿속에서 영상화할 수 있을 때까지 듣는다.

테크닉 5 상대방이 말한 키워드에서 'WHY?'를 끌어낸다.

테크닉 6 현재에서 과거로 거슬러 올라가며 듣는 것도 효과적이다.

테크닉 7 수입과 지출을 통해 생활을 예측한다.

테크닉 8 이유가 무엇인지 더 깊이 파고든다.

테크닉 9 연애 상대는 그 사람을 비추는 거울이다.

테크닉 10 '혹시'를 예측하여 이야기를 끌어낸다.

테크닉 11 차 안은 결정적인 속마음을 털어놓기 좋은 장소다.

옮긴이 **양필성**

일본공업대학교 건축학과를 졸업하고, 중앙대학교 신문방송대학원에서 출판미디어를 전공
했다. 출판사에서 기획·편집 일을 하던 중 번역의 세계에 발을 딛게 되었다. 현재 다양한 분
야에 관심을 가지고 출판 기획자와 전문 번역가로 활동 중이다. 옮긴 책으로 『내가 미래를
앞서가는 이유』 『이것은 사업을 위한 최소한의 지식이다』 『평생 돈 걱정 없는 아이로 키우
는 부자 수업』 『그림은 금방 능숙해지지 않는다』 등이 있다.

말을 못하면 들으면 된다

초판 1쇄 발행 2024년 3월 22일

지 은 이 나카무라 아츠히코
옮 긴 이 양필성
발 행 인 서재필
책임편집 김현서

펴 낸 곳 마인드빌딩
출판신고 2018년 1월 11일 제395-2018-000009호
전   화 02)3153-1330
이 메 일 mindbuilders@naver.com

ISBN 979-11-92886-45-9(03190)

• 책값은 뒤표지에 표시되어 있습니다.
• 잘못된 책은 구입하신 곳에서 바꿔드립니다.

마인드빌딩에서는 여러분의 투고 원고를 기다리고 있습니다. 출판하고 싶은 원고가 있는 분은
mindbuilders@naver.com으로 간단한 개요를 연락처와 함께 보내 주시기 바랍니다.